保育看護のこころ

―病児保育室の現場から―

長谷川ヒサイ著

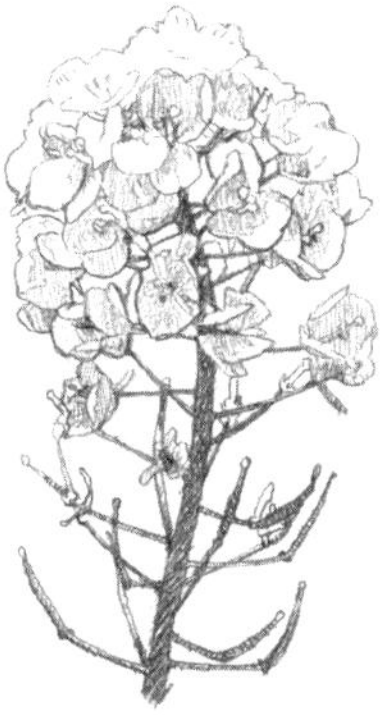

プロローグ

皆さんは、病児保育室（病後児保育室を含む）のことを耳にしたことがありますか。病児保育室は、病気になった子どもを保護者に代わって、一時的に保育する場所です。メディアの報道ですでにご存知の方もあるかと思いますが、まだまだ知られていないのがこの保育室です。

そこで、この病児保育室について、子どもたちがどのように一日を過ごすのか、スタッフたちは何を大切にして保育をするのか、私の経験からお話してみたいと思います。

現在、病児保育室に勤務されている保育士の方がたはもちろん、これから保育士になりたくて勉学に励んでいる方にとっては、保育士という立場で病気の子どもに寄り添い生活を共にして笑顔を引き出すことができたらどんなに大きな喜びであり、うれしいことでしょう。

また、保護者に寄り添い、相談にのり、話をよく聞いてあげることで安心していただくことができたら、それもまた大変うれしく自分への励みにもなります。

そして、子どもたちが回復に向かうためのお手伝いができることは、家族への大きな支援になります。このように病児保育室において、保育士は積極的に子育て支援にかかわる立場にあるのです。

近年、働くお母さんが大変多くなりました。保護者の方は、わが子が病気でつらい思いをしていることを、自らの責任と感じているかもしれません。病気の時は仕事を休んで看病したい、一緒にいたいと思っても職場の状況で許されず、心を痛めている方が大勢います。

また、病児保育室の存在を知ってはいるが、疑問や不安があって預けられない方がいます。そんな方がたに病児保育室をよく理解していただき、利用していただければうれしいことです。

実は、私も三人の子どもを育てながら、働いてきましたが、職場の状況で休暇を取ることができず、「どうしよう、預かっていただけるところをさがさなければ」という苦しい状況に何度も頭を抱え込んだ経験があります。

子どもの病気は予告なしに発生します。その当時は病児保育室という言葉さえ聞いたことがありませんでしたので、職場の先輩や友人に相談して預かってくださる方を必死で探しました。そうやって急場をしのぎ、三人の子どもは成長しました。

しかし、子育ての中で、病児保育の必要性を痛切に感じていた私は、定年退職後、病児保育にかかわることが夢でした。退職後、しばらくして一つのご縁をいただき、夢はまもなく現実のものとなりました。練馬区医師会から「病児保育を立ち上げるので」とお誘いをいただき、すぐお手伝いすることに決めました。

新しくオープンした病児保育室ぱるむ光が丘は環境にも、スタッフにも恵まれて、家庭的でゆったりとした時間の流れのなかで、スタッフと病児が心を通わせ、充実した保育環境を整えることができています。

しかし、国から支援をうけているとはいえ、病児保育室は、組織的にはまだまだ弱い存在です。必ずしも運営は平坦ではありません。それでもなお、そこには、「病児だからこそ、その一日を充実して過ごしてほしい」と望むスタッフの熱い思いがあります。心をこめてていねいに子どもたちにかかわるスタッフが必ずいます。どうか保護者の視点で内容まで見極めていただきたいと思います。

また、「病気の時に知らない場所の、知らない人に預けるなんてとても心配で」と思われる方がほとんどですが、どうか実際にお出でいただき、スタッフとお話をしてみてください。納得のいくまで質問をして、保育看護の現場をご覧になってください。きっと何かが見えてきますよ。

ここで、病児保育のすべてについて細かく語ることはとてもできませんが、保育の中で子どもが安心して安全に生活できるように、重要なポイントを取り上げていきます。

ご一読いただければ、幸いに存じます。

もくじ

カバー・挿絵／江崎善晴

第1章　病児保育って

病児保育室は、いつ生まれたの？

まず、病児保育室（病後児保育室を含む）は、どんな風に生まれたか、からお話しましょう。

病児保育の始まりは、昭和四十一年、東京都世田谷区にある民間保育所「ナオミ保育園」の保護者が必要性を訴え、嘱託医の病院内で始めたものが最初であるといわれています。また、昭和四十四年には大阪・枚方市の枚方市民病院分院内で、日本で初めての地域センター方式で受け入れる「枚方病児保育室」が開設されました。

その後、病児保育へのニーズは一層高まり、平成六年のエンゼルプラン*策定の中で、「乳幼児健康支援ディサービス事業」として、国の事業になりました。平成二十年には、「病児・病後児保育事業」に名称が変更になり、新たに急性期も含めた「保育所型病児・病後児保育」や「自園型の体調不良児対応型事業」も予算化されました。

現在では、全国に一七〇〇か所の病児保育を行っているところがありますが、形態はさまざまです。医療機関併設型がもっとも多く、保育園併設型、単独型、派遣型などがあります。やはり病気の子どもの保育には、医療機関との密接な連携が必要になります。

病児保育室では、保育士や、看護師などの専門スタッフの配置が義務づけられていますので、子どもは安心して過ごすことができます。症状や年齢に合わせて乳幼児では、一人の子どもに一人のスタッフ、または二人の子どもに一人のスタッフがついて、ゆったりとケアを受けたり、遊んだりして過ごします。

病児保育室は、保護者が安心して病気の子どもを預けることができ、看病についての知識を得る機会もできて、仕事を休まずにすむので、家族への大きな支援となっています。しかし、施設ごとに定員が設けられているため、予約しても利用できないことがあります。また、事前登録を必要とするところがほとんどですので、早めに登録を済ませておくことをお勧めします。

第１号様式（第１１条関係）

練馬区病児・病後児保育事業利用登録（申請）書　（おもて）

年　　月　　日記入

<table>
<tr><td colspan="3">ふりがな
氏　　名</td><td colspan="2">男
女</td><td colspan="3">生年月日　　年　月　日生
歳　月</td></tr>
<tr><td rowspan="3">保護者</td><td colspan="4">父・氏名　（　　歳）</td><td colspan="3" rowspan="2">お子さんの愛称</td></tr>
<tr><td colspan="4">母・氏名　（　　歳）</td></tr>
<tr><td colspan="7">自宅住所（〒　　　　）
自宅電話</td></tr>
<tr><td colspan="2">きょうだい</td><td colspan="6">歳（男・女）　歳（男・女）　歳（男・女）</td></tr>
<tr><td colspan="2">職　業</td><td>父</td><td colspan="2"></td><td>母</td><td colspan="2"></td></tr>
<tr><td rowspan="4">緊急連絡先</td><td rowspan="2">父</td><td colspan="6">１（電話　　勤務先名　　）</td></tr>
<tr><td colspan="6">２（携帯電話　　）</td></tr>
<tr><td rowspan="2">母</td><td colspan="6">１（電話　　勤務先名　　）</td></tr>
<tr><td colspan="6">２（携帯電話　　）</td></tr>
<tr><td colspan="3">利用通所施設名</td><td colspan="5">電話</td></tr>
<tr><td colspan="3">主治医名</td><td colspan="5">電話</td></tr>
<tr><td>周産期・乳児期の発達</td><td colspan="7">２歳未満児のみ記入してください。
妊娠中の異常（なし・あり　　）
出産時の異常（なし・あり　　）
出産時体重　（　　g）
新生児期に多呼吸・頻脈・チアノーゼ・嘔吐（なし・あり　　）
母乳栄養・人工栄養・混合栄養　　哺乳力（普通・弱い）
体重増加（普通・不良）
首のすわり：　カ月　おすわり：　カ月　一人歩き　カ月
人見知り：　カ月　初語（意味のあることば：　歳　カ月）
異常に泣く　おとなしすぎる
うつぶせ寝・仰向け寝・横向き寝</td></tr>
</table>

<table>
<tr><td rowspan="8">予防接種
※年月日記入</td><td colspan="2">ＢＣＧ</td><td></td><td rowspan="4">三種混合
(DPT)</td><td>１</td><td></td><td rowspan="2">水痘
(みずぼうそう)</td><td rowspan="2"></td></tr>
<tr><td rowspan="2">MR(麻しん・風しん混合)</td><td>１</td><td rowspan="2"></td><td>２</td><td></td></tr>
<tr><td>２</td><td>３</td><td></td><td rowspan="2">流行性耳下腺炎
(おたふくかぜ)</td><td rowspan="2"></td></tr>
<tr><td colspan="2">麻しん（単独）</td><td></td><td>追加</td><td></td></tr>
<tr><td colspan="2">風しん（単独）</td><td></td><td rowspan="3">日本脳炎</td><td>１</td><td></td><td rowspan="2">ヒブ
(Hib)</td><td rowspan="2"></td></tr>
<tr><td rowspan="2">ポリオ</td><td>１</td><td></td><td>２</td><td></td></tr>
<tr><td>２</td><td></td><td>追加</td><td></td><td>その他</td><td></td></tr>
</table>

（うら）

感染症歴	はしか：　　歳　カ月　　水ぼうそう：　　歳　カ月	
	百日咳：　　歳　カ月　　おたふくかぜ：　　歳　カ月	
	B型肝炎： （キャリアでない・ある）	
	その他（具体的に）：	
これまでの病気	熱性痙攣：初回　　歳　カ月　最後は　　歳　カ月（これまでに　　回）	
	喘息 喘息性気管支炎	毎日　薬を　飲んでいる・いない・発作時だけ 毎日　吸入療法を　している・いない・発作時だけ
	アトピー性皮膚炎	ない　・　ある（治療は　内服薬・食事療法）
	その他の病気 （具体的に）	
	入院したこと　　ない　・　ある（病名　　歳　カ月） （病名　　歳　カ月） （病名　　歳　カ月） （病名　　歳　カ月）	
常用薬	喘息・アトピー性皮膚炎、けいれん等で、常時内服しているお薬があれば具体的にお書きください。（内服時間も）	
食事	食事制限の指示を主治医から受けている場合は、具体的にお書きください。 食物アレルギー（有　・　無） （食物名　　　　）	
性格		
その他	体質（アレルギー等）や、くせなど心配なこと・配慮してほしいことについて具体的にお書きください。	

年　月　日　受付

「保育看護」という言葉をご存知ですか？

子どもたちは、体調が優れない状態で保育室へやってきます。スタッフは「笑顔が見られるようになったらうれしいな」と、祈るような気持ちで子どもたちを迎え入れます。

病児保育の基本は、保育看護によるトータルケアです。保育室で、保育の専門職、看護の専門職がお互いの専門性を発揮して、協力し合って行うケアが保育看護です。

保育室を利用する子どもは乳幼児が圧倒的に多く、乳幼児の生理的特徴から、心も身体もまるごと受け止めて見なければならない専門的ケアだからこそ、保育士、看護師の配置が義務づけられているのです。

子どもは、慣れない環境のなかで見知らぬスタッフに託され、身体の不調（苦痛）と心の不調（不安）を切り離して考えることができないことが多いのです。だから身体のケアと心のケアを同時に行うことで、不快から快の状態に導くことができます。

たとえば、子どもは、不安が強いと頭が痛くなったり、お腹が痛くなったりします。

また、反対にお腹が痛いと心が不安定になり頭や、ほかのところまで痛く感じたりします。子どもは、大人のように切り離して考えることがむずかしいのです。

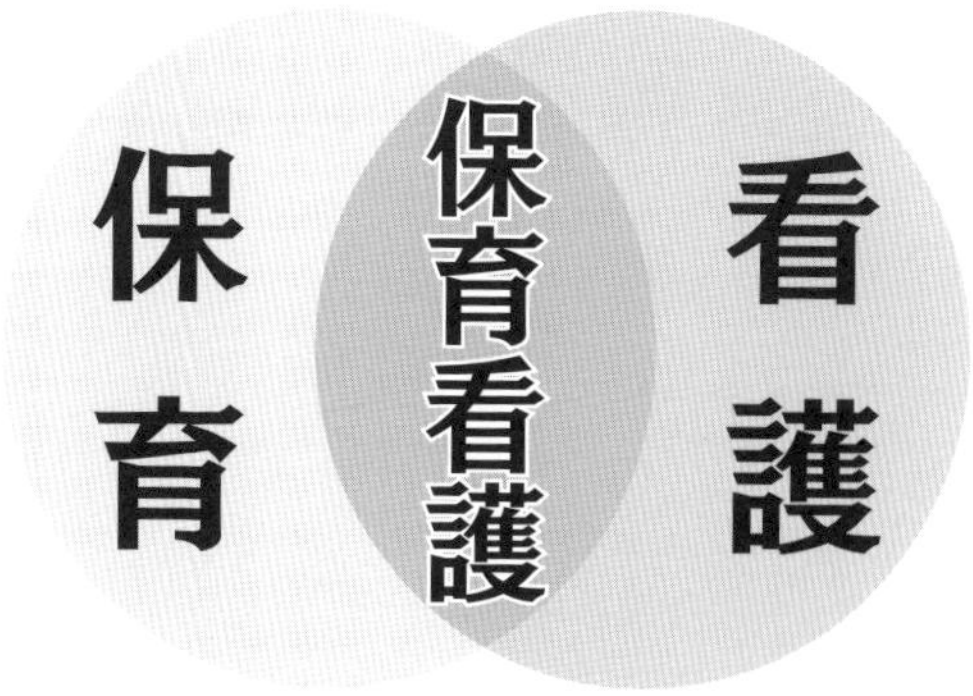

帆足英一監修『必携 新病児保育マニュアル』より

上記の図のなかで、輪の中心部分である保育看護の輪が大きくふくらむことが子どもの回復力アップにつながっていくと思います。不快感がいっぱいで機嫌が悪く、遊べなかった子どもが、保育士や看護師の両方からのケアを十分に受け、気持ちが安定し、身体が軽くなってくると、自然に笑顔が見られるようになります。スタッフは、そのうれしい瞬間を心待ちにしながら、子どもとのかかわりを大切にします。

病児保育は、保育の原点です

私が働いていた保育室は、練馬区医師会により平成十八年にオープンしました。準備委員会に参加させていただいた二名（保育士・看護師）は、長い保育園勤務を終えての取り組みでした。後のち採用されたスタッフをふくめ、全員が病児保育の経験はありませんでした。

私は、病児保育室は一般の家庭のように小人数で、子どもとスタッフが肩を寄せ合い、温かい触れ合いの場となるようにと想い描いておりました。そして子どもたちが主体となって、病気であってもその一日を楽しく過ごせるようにと保育の環境づくりにも夢を広げていました。

施設の準備に追われながら、ほかの施設の見学や実習・研修・全国病児保育協議会への参加など計画的に取り組みました。長年の保育園勤務の経験と実績をたよりに、保育所保育指針第1章総則のなかに「入所する子どもの最善の利益を考慮し、その福祉を積極的に増進することに最もふさわしい生活の場でなければならない」とありますが、病児保育においても、これを大切にしたい保育の基本方針として確認し合いました。

幼い子どもたちの「生涯にわたる人間形成にとって極めて重要な時期」に、「十分に養護の行き届いた環境の下で」子どものさまざまな欲求を満たし、生命の安全を保障し、おだやかな気持ちで過ごすことができるよう、また運動の発達をはかることが求められます。

基本方針を検討するポイントは、「ここは保育室であること」「生活し、遊び、発達を援助する場であること」「子どもが主人公であること」そして何よりも子どもの「最善の利益」のために、どうあるべきかを話し合うことでした。

そして、病児保育室オープンに伴い、私たちが大切にしてきたことは、次のようなことです。

1．病気の子どもと保護者に寄り添った保育をすること

2. 常に、安心・安全の生活空間を準備すること
3. いつもていねいな対応を心がけること
4. 保育室を清潔で明るく、やわらかな色彩に満ちているように心がけること
5. 日々、整理整頓をし、秩序感のある保育室をめざすこと
6. 自然の草花や、手づくりのタペストリ、手づくりおもちゃなどを取り入れること
7. 地域のなかで、開かれた保育室、利便性、信頼性を大切にすること
8. 研修、研鑽に励み、保育看護の充実をめざすこと
9. 嘱託医とのコミュニケーションを図ること
10. 安心・安全保育のシステム化をはかること
11. 愛情あふれる食事をつくること
12. 保育室内での感染をふせぐこと

〈私が働いていた病児保育室の様子〉

●ぱるむ大泉（定員６人）

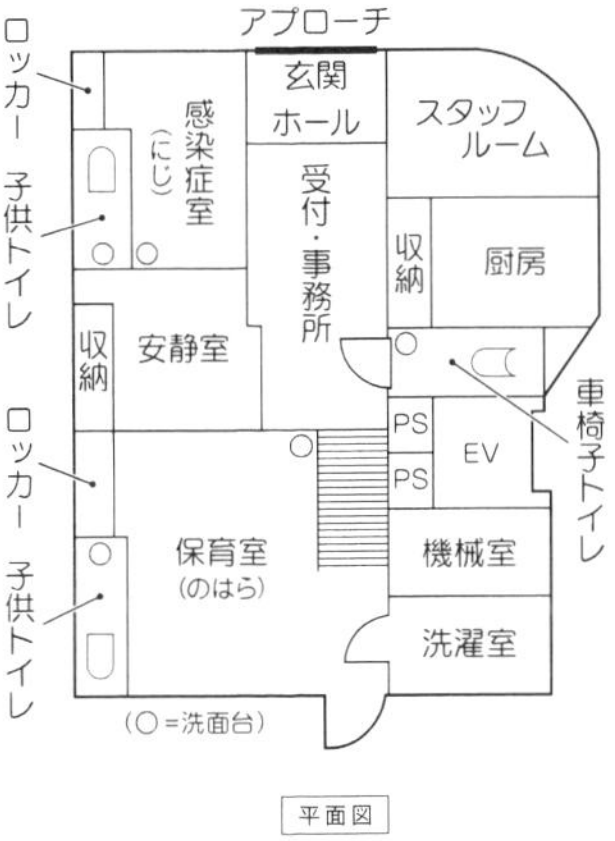

スタッフ構成

施設長		1人	（医師）
保育士	正規	2人	（副施設長含む）
	臨時	3人	
看護師	正規	1人	
	臨時	1人	
調理員	臨時	1人	
嘱託医		14人	

●ぱるむ光が丘（定員10人）

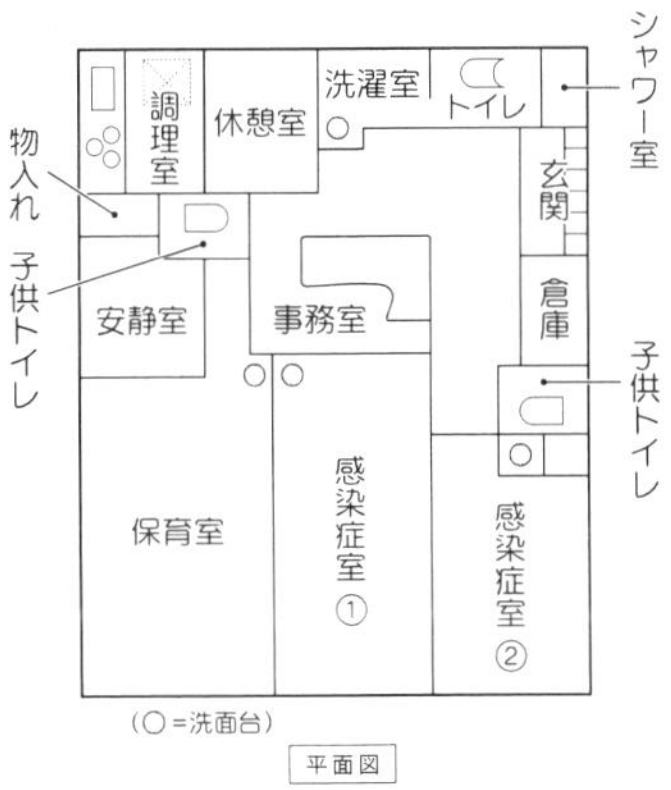

スタッフ構成

施設長		1人	（医師）
保育士	正規	3人	（副施設長含む）
	臨時	5人	
看護師	正規	1人	
	臨時	1人	
調理員	臨時	1人	
嘱託医		14人	

＊エンゼルプラン…平成六年政府の文部・厚生・労働・建設の四大臣によって「今後の子育て支援のための施策の基本的方向について」策定された。その中に「緊急保育対策等5か年事業」があり、また、その中の一つに「乳幼児健康支援デイサービス事業の促進」がある。

第2章　保育の、ここが大切！

こころをこめて、ていねいに

ここでは、実際の日々の活動のことをお話しましょう。

保育の予約をいただくと、利用されるお母さん、子どもさんとどんな出会いができるかが楽しみになります。朝、玄関のチャイムが鳴り、「どうぞ！」とお声をかけるときが、私は一番好きです。

各保育室は、スタッフ2人〜8人前後の小単位の組織です。スタッフ間で意思の疎通をはかり、温かい人間関係を保つことはいうまでもありません。スタッフの一員として、一人一人がプロフェショナルな存在であり、使命感をもって仕事をすることが、安心・安全の保育につながります。

初めての利用で、緊張してやってくる親子さんに日々出会うことになります。保育室では、そんな親子さんの緊張感が和らぎ、安心していただけるよう、笑顔で向き合いましょう。「ようこそ、保育室へ」「どんなことでも受け止めますよ、安心してお話ください」というような姿勢を、スタッフ全員が持つことが大切です。

保護者からの事前登録、電話予約は、初めての出会いになるケースがほとんどです。しかし、対応するスタッフはいつも同じ人とはかぎらず、その時により異なります。スタッフとしては、誰が対応しても信頼感と安心感を持っていただけるような心のこもった対応が求められます。

親切に、ていねいに、迅速に、確実に、行うことが、「こころをこめて」につながっていくのです。

電話対応や、受付での対応、朝の問診や、子育て相談、保育看護とさまざまな仕事がありますが、いつでも親子に寄り添い、理解してもらえるような対応ができるよう心がけたいですね。挨拶や、返事、笑顔を忘れないようにしましょう。

対応相手の雰囲気に左右されることなく、いつも公平に接することも大事です。

病気の子どもを抱えている親や、病気の子どもにとって、スタッフの態度や「ちょっとした一言」が大変つらく、負担になることがあります。親や子どもの立場に立って、親子の声なき声に耳を傾けましょう。

朝、初めての出会いを大切に

朝の問診は、保護者にとって職場に向かう前の忙しい時間帯になります。受付の前には、すでに何人かの利用者が並んでいます。初めての利用で、緊張されている姿もお見かけします。スタッフも気持ちを引きしめます。

保護者は、いつもと違う環境に子どもを預けなければならないという不安をかかえてやってきます。その気持ちを受け止めながら、短い時間を有効に使い、ていねいに保護者の心情や願いをしっかり聞きとりましょう。

子どもの症状などは、ポイントをしぼって質問し、聞き違いや聞き漏らしのないように記録することが大切です。保護者からの情報提供がその日の保育に大きく生かされることが多いものです。

急いでいる保護者の気持ちをきちんと受け止めたうえでの問診は、大切な子どもの命を預かり、回復に向かうために絶対条件であることを、理解していただくようにしましょう。手際よい対応が保護者の信頼度をアップさせます。

保育室へようこそ

保育室への一歩は一日の保育のなかで、何よりも大切にしたい場面です。ほとんどの乳幼児は、大好きな母親から見知らぬスタッフに引き渡されることにより大きな不安を抱いて強く泣きます。病気による不快感も重なり、相当機嫌が悪い状態で受け入れることになります。

乳幼児期の母親と離れる不安感については、子どもにとって重大な意味があることを理解しましょう。保育士はその不安に気長に付き合うことが大切です。強く泣く子どもがいますが、大丈夫、大きな心でゆったりと時間をかけて、「あなたに出会えてうれしいわ。なかよくしましょうね」「だいじょうぶよ」「だっこしようね」などと言葉をかけ、母親に代わり、抱いて受け入れます。

朝の受け入れに、スタッフの人数が不足して、保護者や子どもに不安感を与えるようなことがあってはなりません。受け入れる体制をしっかり整えましょう。利用児の入室時間や年齢に合わせて、スタッフの人数に配慮しましょう。

子どもの気持ちを尊重し、子どもの不快感に寄り添い、その子どもとの間に愛情の絆を育むよう心を傾けます。朝のこの時がもっとも大切な時間になるのです。

また、乳幼児以上の子どもに対しても個別にしっかり関わり、優しく寄り添いながら安心感を得られるように目をかけ、手をかけ、声をかけましょう。

子どもに寄り添う

乳幼児の症状が急性期で機嫌が最高に悪いときは、お母さんと離れている不安感はさらに強く、最大になると思われます。体調が悪いときは物ごとに対して意欲はわきません。遊びに誘われて機嫌がよくなることは難しいでしょう。こんな時は、「お母さんがいいよね。泣いてもいいよ。ずーっとだっこしているから、大丈夫よ」と声をかけ、子どもの泣きたい気持ちを共有します。

そんな時大切なのは、つらい心を言葉にできない乳幼児のサインに耳を傾け、機嫌の悪い心に寄り添うことです。

抱っこ、おんぶ、布団に寝かせるなどして、優しく歌をうたったり、絵本を読んだり、身体をさすったりすることで、病気がすぐに回復することはないものの、母性的な肌の温もりが伝わって、安心感をもってくれるものと思います。

症状が急性期の時は、安静、休養、睡眠が必要ですので、当然個別保育になります。担当保育士が継続して世話をすることから、子どもたちは不快は継続していても、安心感や信頼感を少しずつ持ってくれるでしょう。急性期は、身体のケアと心のケア、どちらも重要になります。その子について看護師と症状や機嫌の確認をしっかりと行って、何を優先させるべきか、相談しましょう。

そして、スタッフ全員で問題点を共有しながら、身体面、心理面で保育士と看護師、双方からのケアを大切にします。このことが、まさしく保育看護です。

このような急性期の子どもに対し、根気強く、気長に見守り、しっかり寄り添うためには、大人のメンタルヘルスも大切になります。感染症室での個別保育では、一人の子どもと一人のスタッフの関係が続きます。一般室の保育以上に、時間が長く感じられます。目の前にいる子どもの症状や機嫌に寄り添い、生活、遊び、ケアなど、密度濃く関わることになります。

日頃から健康に対してセルフケアを強化しておくことはいうまでもありませんが、無理は禁物です。自分自身の体調に自信が持てないときは、まわりに声をかけて、1対1の保育は半日交替か、一日担当を外してもらうようにしましょう。子どもに事故が起きてからでは遅いのです。自分自身の声なき声にも耳を傾けましょう。

保育士が実際に一日を感染症室で、1対1で過ごした経験談の中で、「大人も子どもも距離を埋められずに、気持ちが行き詰ってしまい、大変つらかった」という声を耳にしました。1対1の関係では、お互いの気持ちが一致せず、歩み寄ることが難しいときにつらく感じ、お互いに緊張度が増し、楽しく過ごすことができなくなることがあります。そのような時には、担当を半日交替にしてみるのも一つの方法です。子ども側は、相手が替わったことから、緊張感が解けて受け入れてくれたり、親しみをもってくれたり、リラックスして遊ぶことができるようになることがあります。スタッフも子どもも同じ人間ですから無理をしないことですね。環境を変えてみることで解決できることがあります。人的環境がリラックスした雰囲気とよりよい保育を生むのです。

また、子どもの気分を変えられるきっかけづくりに大きな役割を持ち、欠かせないものにおもちゃや絵本があります。子どもの情緒が安定してきて、スタッフの腕のなかから離れられるようになったら、興味のありそうなおもちゃや絵本を子どもの視野に入れて置いてみましょう。子どもが手をのばし掴み取り、表情が和らいできたら、見守りながら遊ばせましょう。緊張感を和らげ安心して過ごせるような空間づくりは保育士の役割ですね。

保護者に寄り添う

子育て家庭のなかで、特に保護者が仕事をもっている場合は、病児保育室の存在が、重要な子育て支援となります。日本では、就学前の子どもを持つ労働者のために、「育児休業・介護休業等労働者の福祉に関する法律」があり、一人の子どもに対して年間5日間病気介護の休暇が取得できますが、それだけでは不十分ですね。

現在、病児保育室が全国に広がってきましたが、保護者はどの程度、病児保育室を利用しているのでしょうか。保護者のほとんどは、病気の子どもを、いつもと異なる病児保育室に預けることに強い不安を持っていると思われます。

私の働いていた保育室では、平成十九年一月に保育室利用者にアンケート調査を行いオープンしてから6か月間の利用者にアンケートを依頼しました。その結果、一五〇名中八〇名の回答が寄せられました。

この施設をどこで知りましたか

（80名　複数回答）

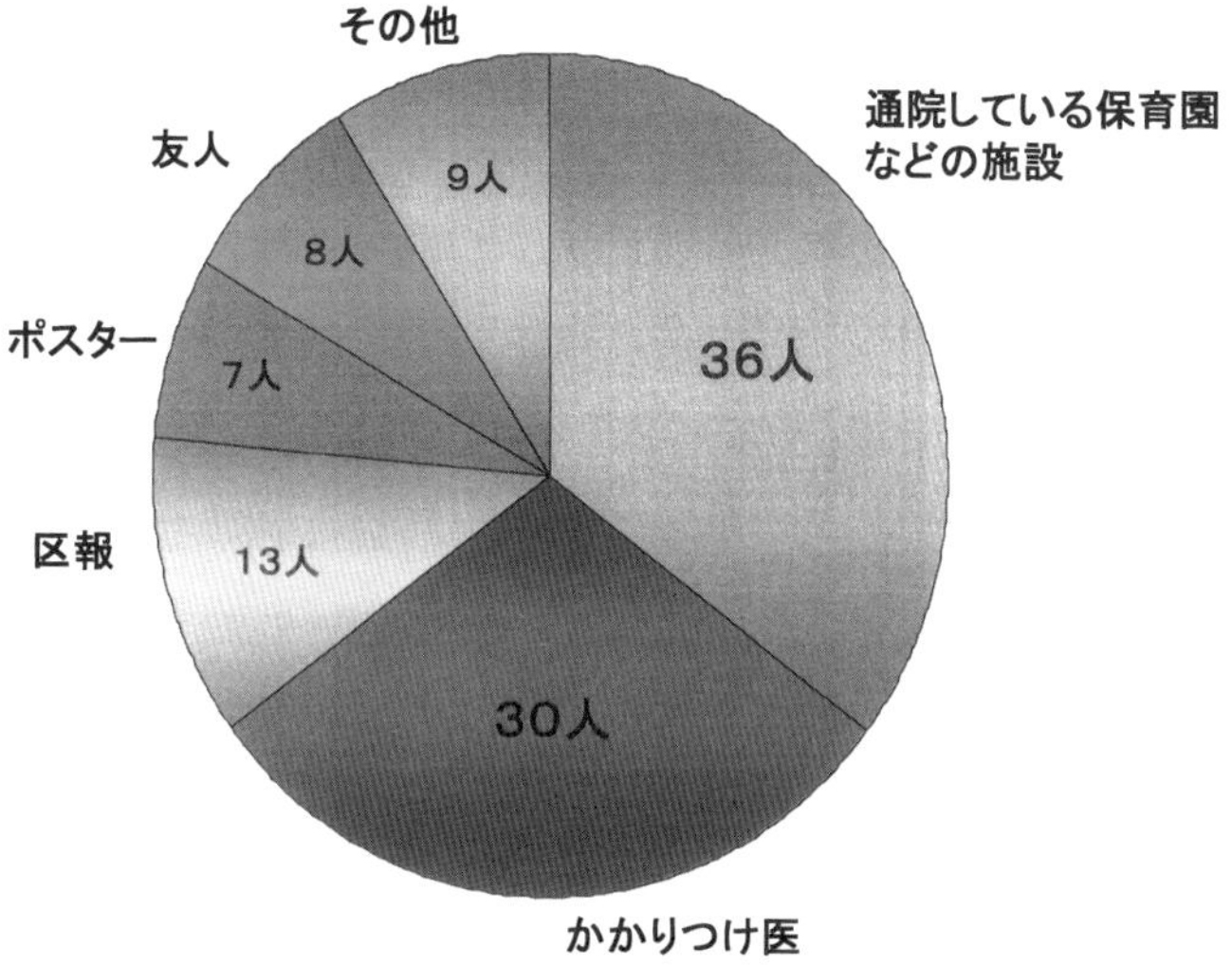

（不安を持っていた方で）どんな不安を持っていたか

（複数回答　利用前後）

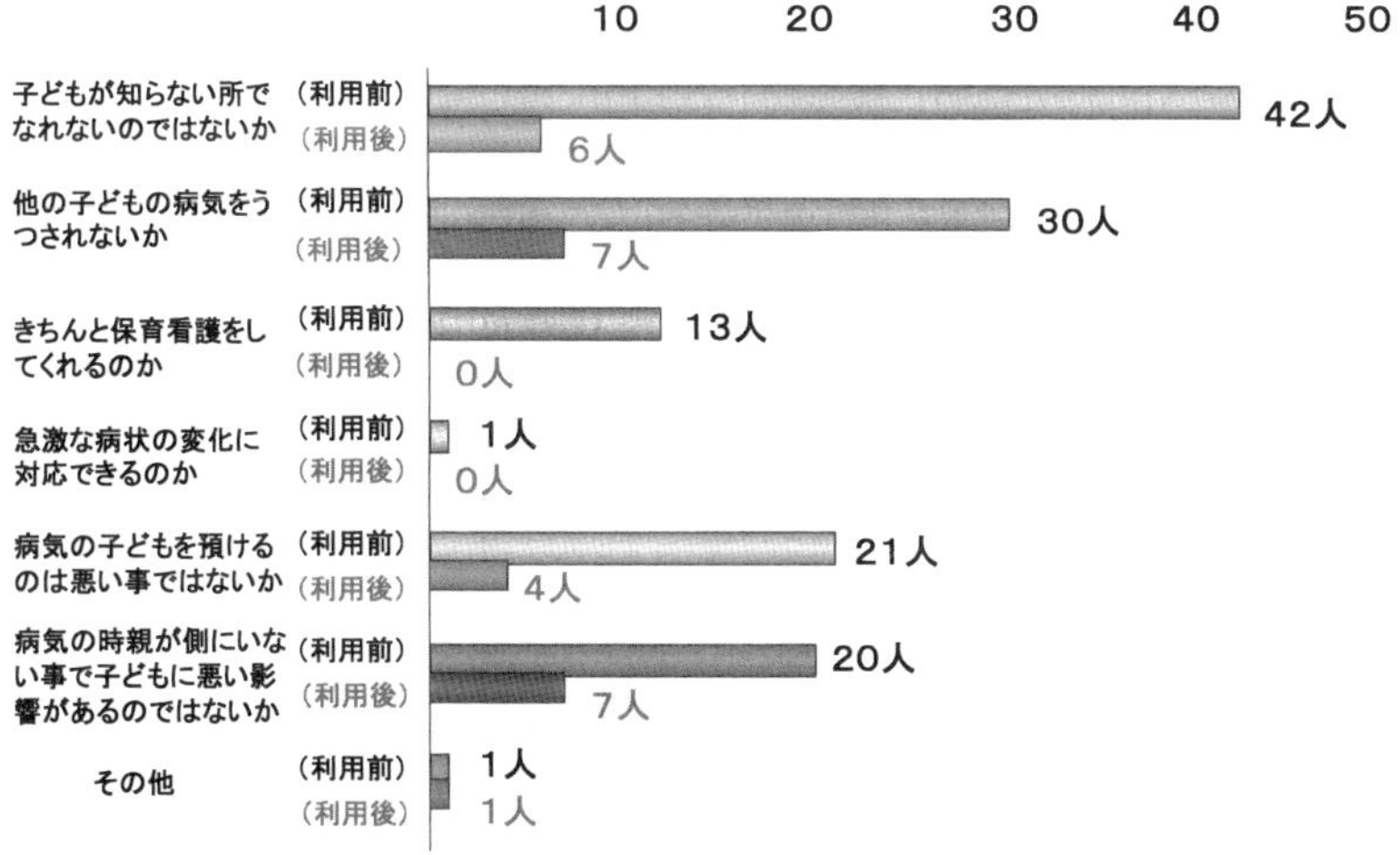

利用することに対する不安

（80名　利用前後）

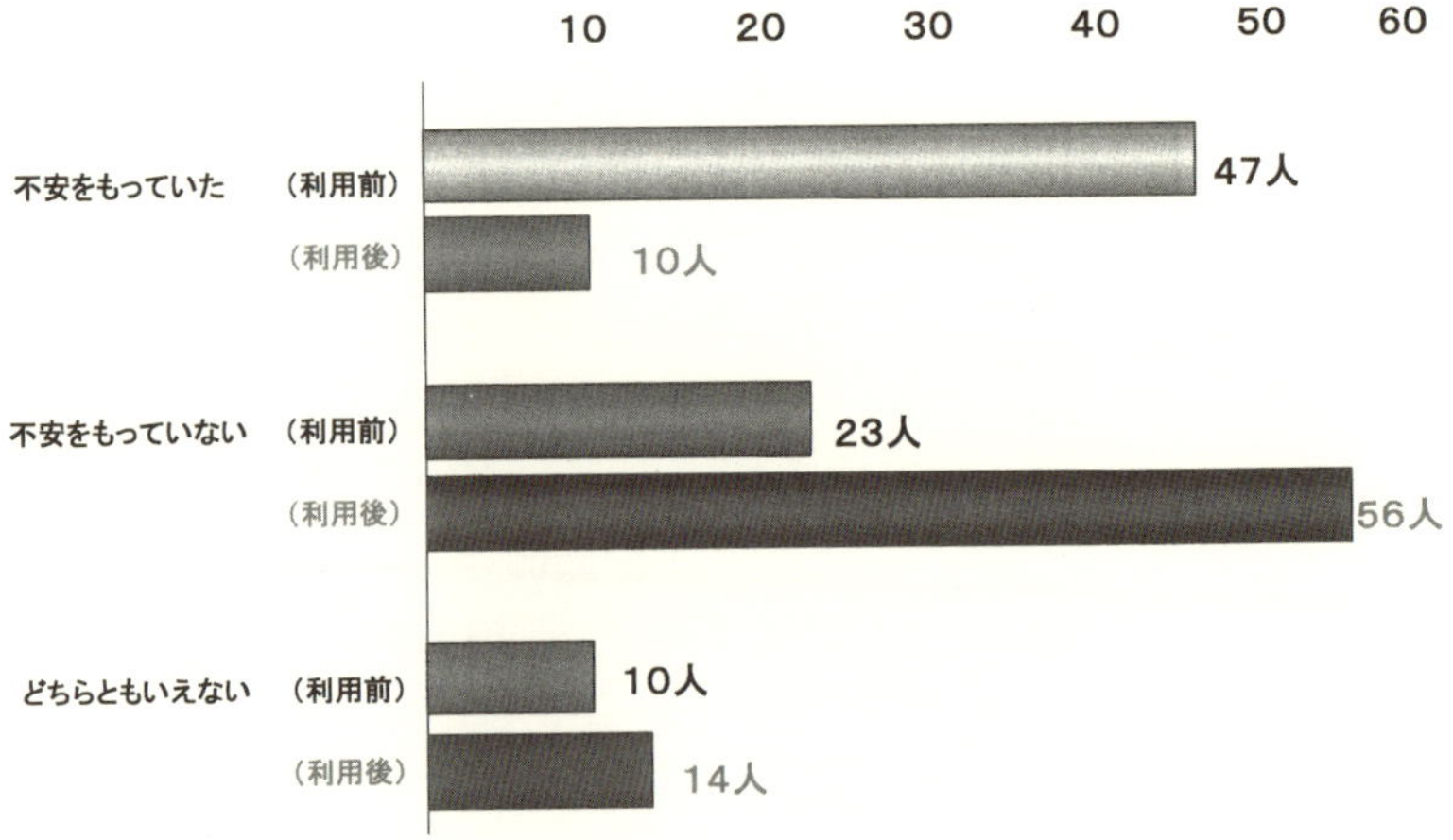

利用された主な理由

（80名　複数回答）

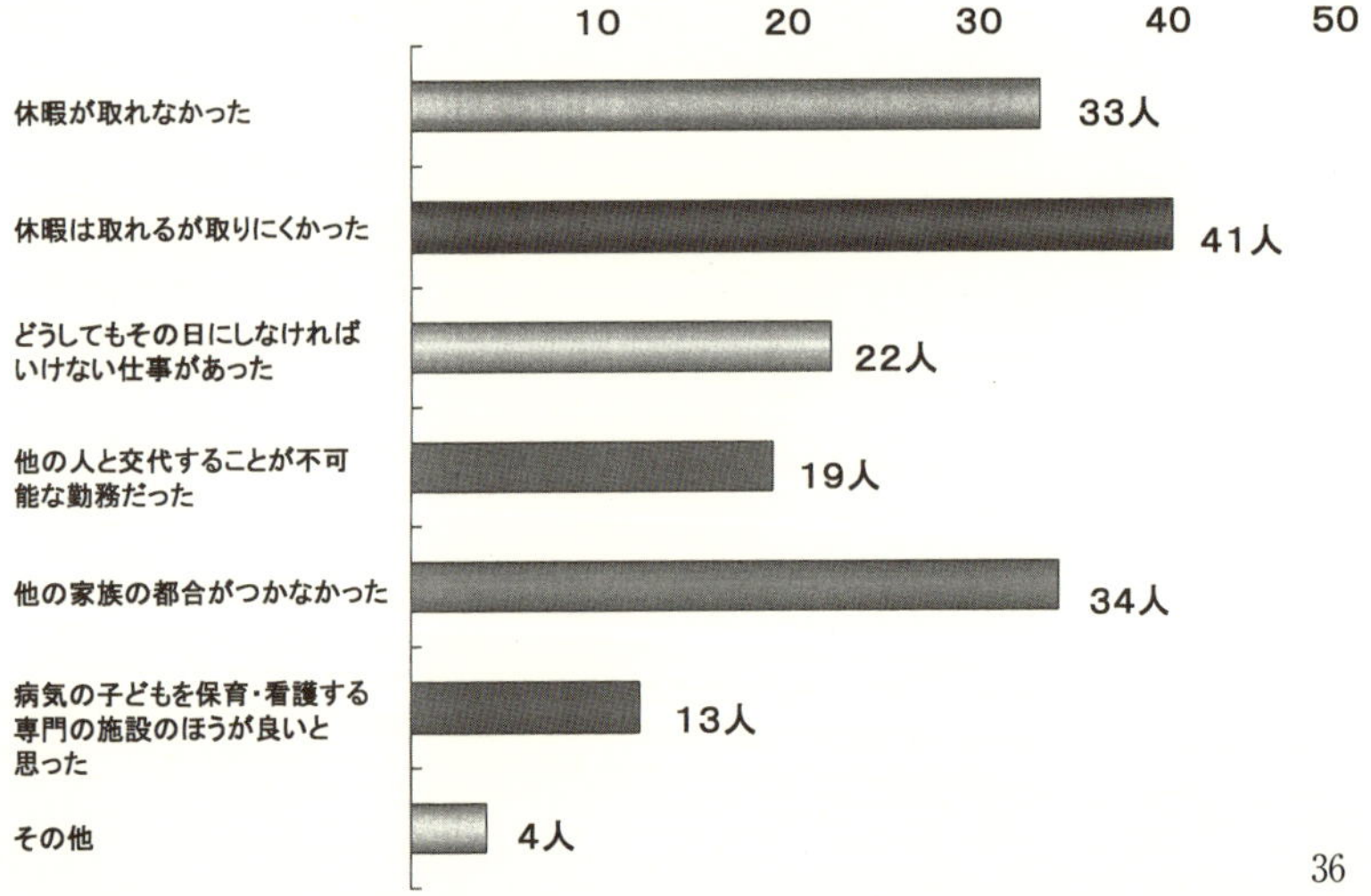

子どもの様子 （80名　複数回答）

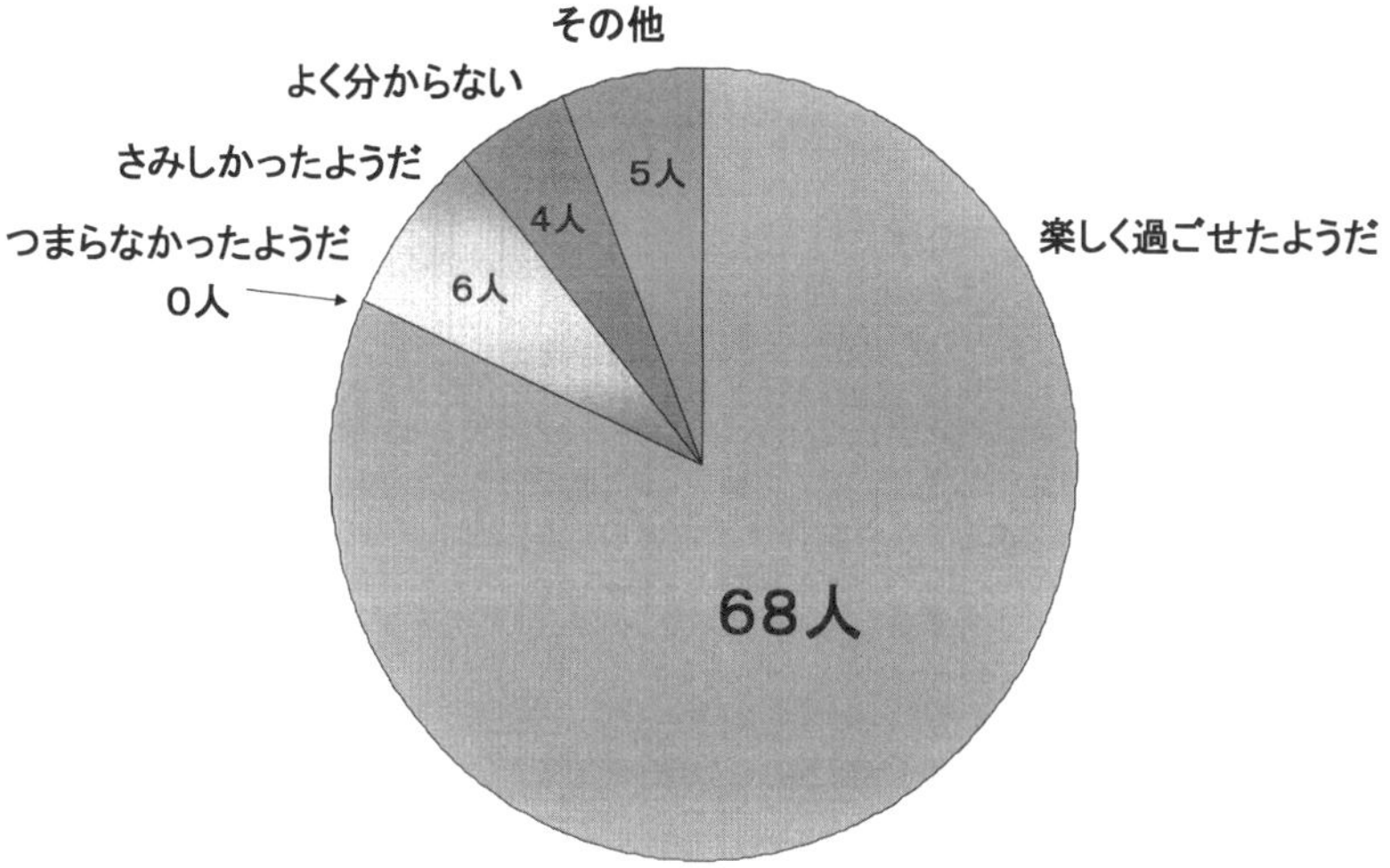

連絡票について （80名　複数回答）

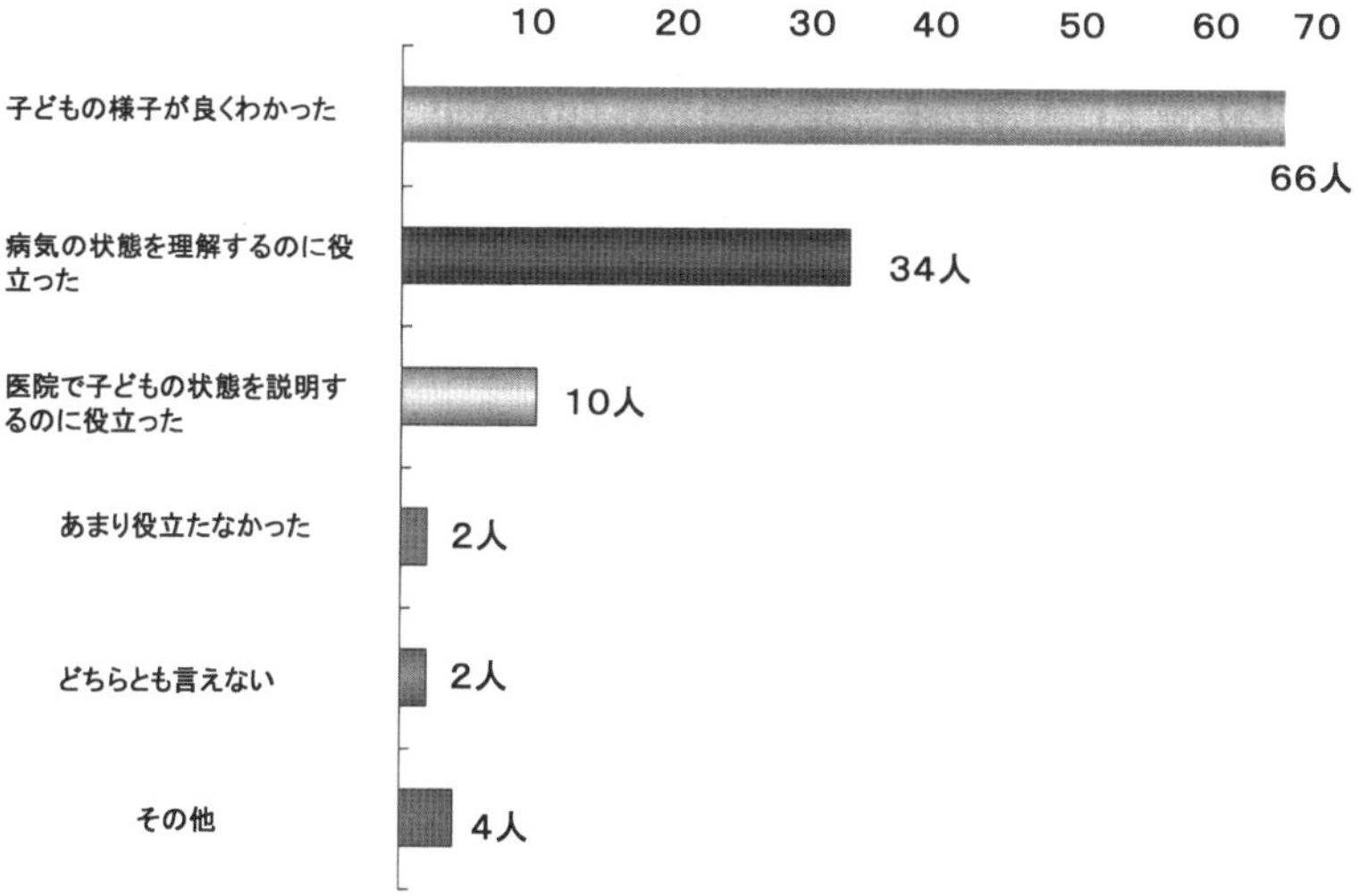

子育ての手助けになっていますか

（80名　回答）

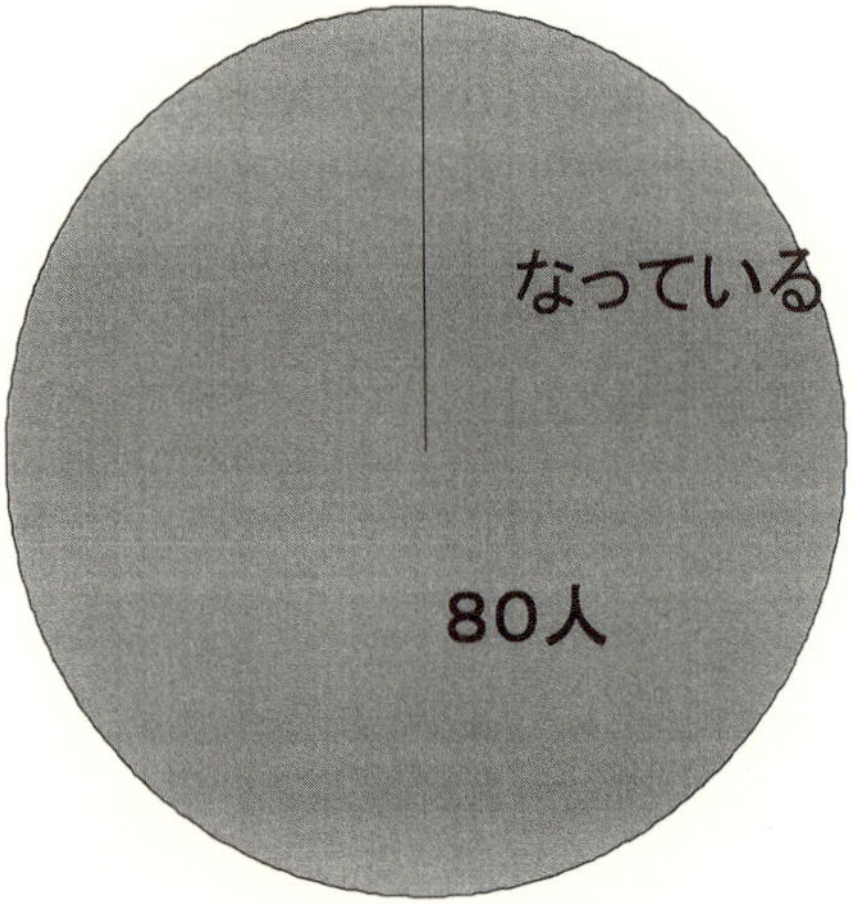

どんな事が手助けとなっているか

（79名　複数回答）

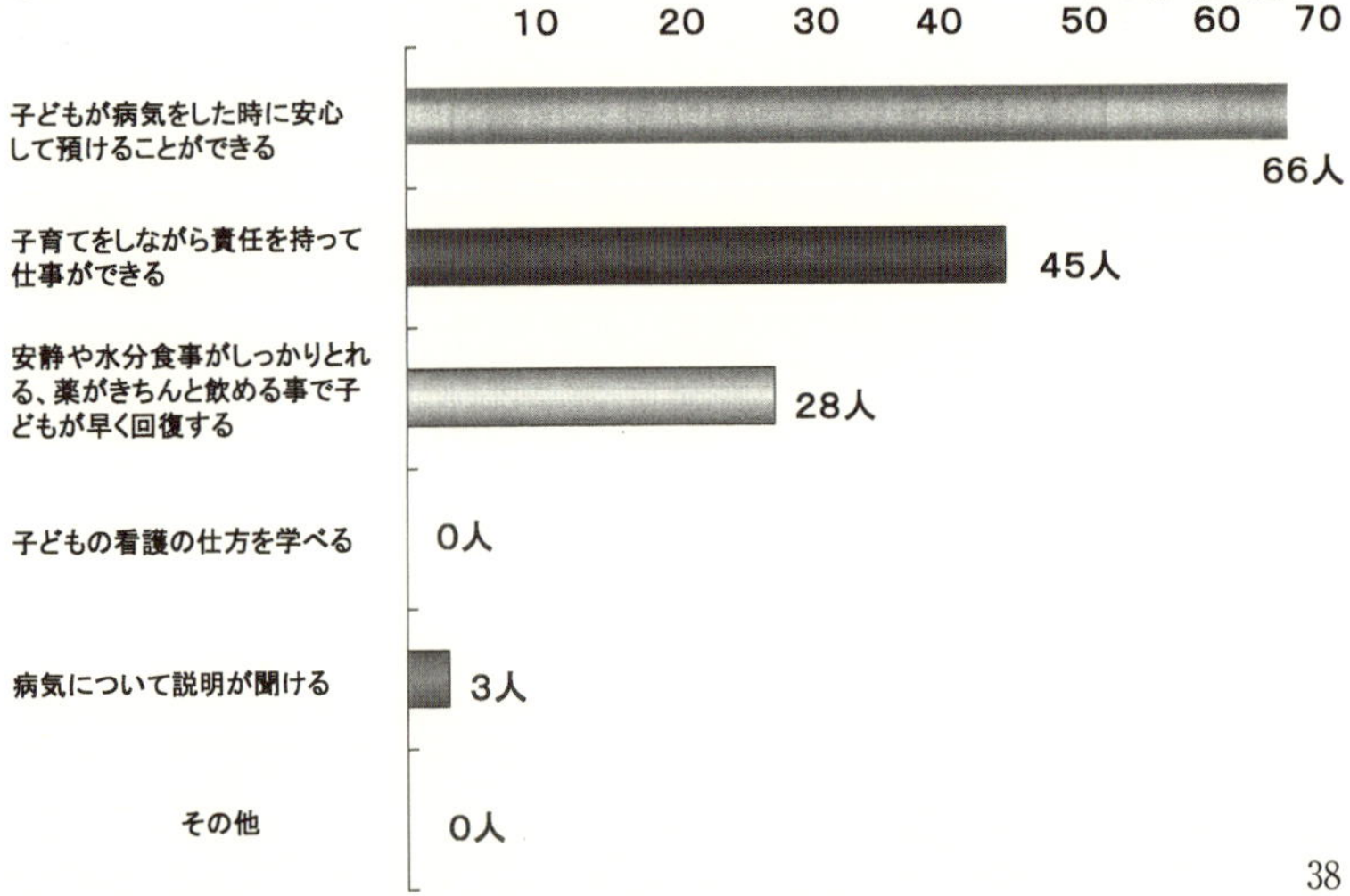

調査のなかで見えてきたことは、利用前と利用後で、保護者の意識が大きく変化していることでした。

アンケートの結果から、保護者は利用することに対して、◎子どもが知らない場所で慣れないのではないか、◎ほかの病気をうつされるのではないか、◎病気の子どもを預けることは悪いことではないのか、そのことが子どもに悪い影響があるのではないか、などと杞憂されていましたが、利用後はそれらの不安が大きく減少しています。

利用してみて「子どもが楽しく過ごせたようだ」という結果になっていることから、子どものことを案じていた親も子どもの満足そうな笑顔を見て、病児保育室を理解し、納得できたのではないでしょうか。

ほかの病気をうつされるのではないかという不安は、若干残っていますが、保護者の気持ちに寄り添い、一〇〇%回避することはできないが、感染を予防するための具体策をていねいに説明したり、症状によっての部分隔離や完全隔離で、ほかの子どもたちと分けて保育することなどを話し、納得して利用してもらうことが大切だと思います。

最後の質問では、全員が子育ての手助けになっていると答えています。ゆったりとした時間空間で、個別対応または小グループで休養しながら症状に合わせて遊び過ごすこと、子どもたちを一日見守り回診する医師の存在、保育士、看護師、調理員などの専門スタッフによる保育看護は、保護者と子どもにとって安心、安全の保育につながっているのではないでしょうか。

声をかけられたら

日頃、私たちは、保護者の方から声をかけられると、どんな一言でもうれしくなります。また、保護者の方からちょっとした相談や、時には深刻な相談をも受けることがあります。保護者の方から「相談があります」と声をかけられたら、あなたは、その時どんな心境になりますか。どんな相談をされるだろうかとドキドキしたり、うまく答えられるだろうかと不安になったりするかもしれませんね。

そんな時、保育者は一呼吸おいて、ゆっくり話ができる場所へ相手を案内しましょう。保育者は保護者の悩みに真摯に向き合い「何でもお話しください。きちんとお聞きしますよ」という気持ちで、相手が心の中で何を考え、何をイメージしているのか、何を気にかけているのかなど、真剣に見つめてみましょう。

人は、同じ場所で同じ景色を見ても、それぞれ感じ方が違い、捉え方も違うことがよくあります。私たちは、自分が今まで生きてきた環境、価値観、文化、その時の心のありようで色も形も違って見えたりするのです。相手が心の中でイメージしていることは何なのかを真剣に見つめてみようとするとき、気にかけていることが次第に見えてきて理解へとつながっていくでしょう。

寄り添うということは、「私がなんとか助けてあげなければ」とか「答えを見つけなければ」と気負うことではありません。相談者としっかり向き合い、問題を見つめ、共に悩み、一緒に考えましょうという気持ちで、相手の心に付きあうことではないでしょうか。

第3章　看護の、ここが大切！

看護のこころ

すでに述べましたように、病児保育は保育の原点ですが、小児看護においても同様です。病児保育室は子どもの生活の場ですから、より家庭に近い環境の中での看護といえます。

まずは、子どもの特徴を理解しなければなりませんし、子どもが一人の人間として尊重される存在であることを忘れてはなりません。これは、保育の領域、看護の領域、医療や福祉の領域を問わず、子どもを支援する者にとって大前提となる大切なことだと思います。その上で、病児保育室での処置やケアに努めます。

例えば、症状によっては、内服や吸入、吸引といったような処置や冷やすことや、水分補給のようなケアを行う場面があります。このような行為を拒む子どもに「必要なことだから！」と、保育士や看護師という立場、または大人という立場から強いるような言動や行動はないでしょうか。

このような場面の対象を成人に置き換えたとき、同じような言動や行動をとるか、今一度考えてケアに努めなければなりません。もちろん、成人ならば「必要なことだから我慢する」となり、子どもはそのような心身の統合性が難しい存在であることも事実です。

しかし、そこは、保育看護の腕の見せ所！です。保育士と看護師が力を合わせて、ケアの工夫や声掛けをし、または「嫌だけど、がんばろう」というように気持ちが動く瞬間を「待つ」こともケアの大切なポイントです。その間、常に症状の変化を見守りつつ処置やケアを最優先しなければならない状況を見逃さないようにすることは看護の大切な役割です。

看護師からのメッセージ

保育看護のもっとも重要な役割の一つとして、「症状観察」があります。この役割は、急変の早期発見へとつながりますので、とても大切です。

「観察」とは、本人の訴えによる、主観的情報と、呼吸、心拍、体温のようなバイタルサインなどの客観的情報、その両方の情報収集から成り立ちます。

本人の訴えは、言葉や表情などでわかりますが、乳幼児にとって、慣れない場所で自分の訴えを相手に伝えることは、容易ではありません。そこで病児保育室内で一番身近な大人の存在となる保育士は、常に子どもの代弁者であってほしいと思います。

一方の客観的情報とは、バイタルサインのチェックや視診、触診、計測などで得られる情報ですから、それらの情報を正しく評価するためには、正常範囲を知識として学ぶ必要があります。その上で、もっとも大切なことは、子どもと向き合うとき、見て、聴いて、触って、感じて……などの五感をフル活用し、「あら？　何かおかしいかしら？」と気づくことが大切です。普段通う施設での保育なら、いつもとの違いは気づきやすいですが、病児保育室は、一時的でしかも病気の時のお預かりですから、その子どもの普段の姿を捉える難しさがあります。

それでも保育看護では、「あら？　何かおかしい……」から観察が始まり、ケアへと発展させることにより、病気の回復への助けとなる……このプロセスが大切です。

事例　「こわいけど、ぼくやってみる」

鼻の吸引の処置は、たいていの子どもにとって、「こわい！」と感じるものです。医療器具に対する漠然とした恐怖心や痛いのではないかという不安な思いは当然の心理です。そこで、器具には、穏やかな花柄の布カバーで全体をおおい、見た目の恐怖心を取り除くようにしました。ノズルには、小さい犬のぬいぐるみを付け、お子さんには「ワンワンのお鼻掃除機だよ」と伝えます。

「ママがおうちのお掃除するように、ボクは君のお鼻に、掃除機をかけるよ。よろしくね」と、犬のぬいぐるみを使って話しかけ、子どもが納得して処置を受けられるか気持ちを確認します。

ここで、A君、B君、二つの事例を比較します。

いずれも鼻水の症状がつらそうな4歳の男の子です。彼らは、1歳の頃から病児保育室を利用していて中耳炎の既往症もありました。

A君の一日目。鼻はかめますが、すっきりはせず、お昼寝中は息苦しそうでした。二日目のお昼寝前、保育士に「お鼻吸ってもらう?」と問いかけられ、最初は、首を横に振っていましたが、ほかのお子さんが泣かずにやってもらった様子をじーっと見ていました。そこで、ワンワンを使って「A君もやってみる?」と声をかけると、「やってみる!」と、一歩、心が動きました。泣かずに上手にできました。お布団に入っていくとき、「こわかったけど、すっきりした」と保育士に伝えていました。ところが、翌日の朝お母さんから「昨日の鼻吸い、ほんとうはこわかった。できればやりたくない」と、家で話していたことを教えていただきました。「でもすっきりするんだから、やってもらいな」とお母さんはA君に伝えたそうです。

その日は、A君の気持ちを尊重して鼻吸いはせず、ゆっくり時間をかけてすっきりするまで一緒に鼻をかんで、お昼寝に入りました。

B君は、約1年ぶりの久しぶりの入室でした。B君の場合は、まだ鼻がかめず、たびたび声をかけて一緒にかんでみますが、うまくできません。鼻水で鼻がつまって、苦しそうです。一日目、「お鼻吸ってみる?」とたずねてみると、「何もしない」「だいじょうぶ」と、拒否。お鼻は拭きながら、様子を見ました。二日目の問診では、数日前おうちで泣きながらも抑えて鼻吸いをしたとうかがいました。その日の午前中、「ワンワンのお鼻掃除機」についてゆっくり説明していると「ワンワンがきれいにお掃除するの?」と、少し興味を示してくれたので、「そうだよ。見てみる?」と一緒に見にいくことにしました。「何もしない」と完全拒否していたところから、「やってみようかな……」と一歩心が動いた瞬間でした。

ワンワンの力を借りて、スイッチON。「ブーン」と恐怖を誘う機械音がしても怯まなかったので、試しに一度鼻にあててみました。「ズズズズー」とたくさんの鼻水が引け、B君もびっくりしたようです。鼻の通りを確認しながら、二回目、三回目、右に左にと少しずつ行いました。そのうちにB君は、自分でノズルを手に持ち、鼻を吸っていました。

午後、そっと看護師のそばにきて、エプロンを引っぱりながら垂れ流れている鼻水を見せてきました。「また、吸ってみる?」とたずねると、B君はうなずき、再び処置を行うことができました。

この二つの事例は、処置への恐怖心を取り除くための保育看護の事例です。A君の場合は、保育室内で本心を伝えることはできず、嫌だけど我慢をして処置を受けました。一方、B君は完全拒否から徐々に心が動き、「すっきりした」という経験をしたことで、鼻吸いという処置を心と身体の両方で受け入れることができたようです。同じ工夫をした処置でも子どもの反応はそれぞれです。その子どもの様子をよく観察し、一人一人の最善は何かを考え、ケアを進めていくことが保育看護の大切なところです。

「第3章　看護の、ここが大切!」の筆者は、練馬区医師会病児保育センターぱるむ光が丘看護師　江頭則子

第４章　保育看護の重要なポイント

保育する人に求められること

では、保育者はどうあるべきかについて考えてみましょう。

私は、保育者の資質として大切なことは、第一に自分が心身ともに健康であること、第二に子どもが好きであること、第三に深い洞察力を持ち、子どもを理解することの3点だと考えます。さらに、保育者は、「子どもと共にあること」、すなわち子どもの立場に立って考えられる人であることが基本だと思っています。

小児医療の場においても子どもが主体でありますが、保育の場においても保育所指針の第1章総則の中でいわれているように「子どもの最善の利益を考慮し」、子どもに寄り添い「養護と教育」を行うことが求められています。

また、保育士は、「倫理観に裏付けられた専門知識、技術及び判断をもって」保育と、保護者への支援を適切に行うとしています。保護者への支援は極めて重要です。そこに知識や技術、保育士としての倫理観に裏付けられた「判断」が強く求められることになります。

保育者は、文化の違い、言葉の違い、性差、個人差など関係なく、子どもの人権に配慮しなければなりません。また保育者は、子どもに身体的苦痛、心理的苦痛を与えたり、人格を辱めることがあってはなりません。そして保育者は、子どもに対して医療的ケアや生活支援を行うときには、ていねいに説明をし、本人の承認、同意（年齢が低い場合は親の承諾）を得て行うようにします。例えば、薬を飲ませるとき、体温を測るとき、身体を冷やすとき、吸入をするとき、清拭をするとき、ミルクを飲ませるとき、衣服を脱がせるとき、○○だから、○○しようねとか、○○してもいい？　抱っこしてあげようねなどと、声をかけながら行うことです。子どもの意思を尊重して行い、子どもが嫌がるときは少し待ってから再び声をかけて、子どもの気持ちに問いかけてみます。

また、保育者は、保育にあたり知り得た子どもなどに関する秘密事項は、正当な理由なく漏らしてはなりません。

スタッフのこころを一つにして

「今日は、赤ちゃんが多いわね」「今日は、男の子は一人だね」などと、スタッフ間の会話から保育室の一日が始まります。

病児保育室では、日々異なる子どもの保育のため、個人の情報は保育直前まで得られないことがあります。そのため、利用児もほぼ入室してスタッフが全員そろう九時三十分をめどに、スタッフミーティングを行います。入室した子どもたちはスタッフのそばで遊んだり、不安定な子どもはスタッフの腕に抱っこされたり、おんぶされたりします。まず全員が看護師の情報提供に耳を傾けます。看護師から個々の症状や当日のケアについて報告があります。保育士はその情報に個々の姿を重ねてみます。その子の不快の理由は何か、ケアで優先させることは何かなどを確認し合います。それが個々の保育計画につながります。

高熱で痙攣既往症のある子ども、アレルギーで制限食を必要とする子どものチェックなどを全員で行います。記録をして、保育のなかで、適宜ダブルチェックを行い、事故のないようにします。

さらに体調が悪く、個別保育を必要とする子ども、〇歳児や学童児が同時に入室しているときなどは、小グループに分けて保育担当を決め、生活しやすい環境を構成します。感染症室の担当は、半日交替にするかしないか、どのようにするかなどを最終確認します。

そうすることで、一日の保育の流れ、担当、ケア、優先するべきこと、ミスしてはいけないことなどがスタッフ全員で共有化されます。子ども、スタッフが自然に落ち着く場所ができます。

ミーティングの意義は、スタッフ全員による情報の共有化と確認が行えることです。これが安心、安全の保育につながります。そして、保育の全体の流れや、大切にしたいことを確認して、一人一人の子どもの保育計画を立てます。

当然、子どもを見守り、遊ばせながらのミーティングになりますが、ワンルームのなかで一〇人ほどの子どもたちです。五~十分を有効に使い、集中して行えばその後の保育が大変スムーズで確実なものになります。子どもに気配り、目配りをしながら、耳で聴き集中してその後の保育を思い描いてみます。少しずつ慣れてきますよ。感染症室へは、その後看護師が報告に行きます。午後から出勤するスタッフには、看護師が再度報告します。

保育環境をよりすてきに！

病児保育室では、日々、異なる子どもたちがやってきます。人数、年齢、症状などによって、保育室の使い方、高い低いなどのテーブルの入れ替え、置く位置、おもちゃの入れ替え、個室を設ける設けないなどを、瞬時に行う必要があります。大変ですが、楽しいことでもあります。日々変化があり、子どもの遊びがどう変化するのか、子どもの表情には輝きが見られるだろうか、症状は軽減されるだろうか、などなど思い描きながら、細かいところまで配慮することは保育士の役割です。

ワクワクしながら準備することは楽しみでもあり、ワンルームのなかでテーブルの位置をどこにするか考えるだけでも保育へのイメージが膨らみ、どの位置に置くことが安心、安全、機能的で、家庭的な雰囲気を出せるかと考えます。

1

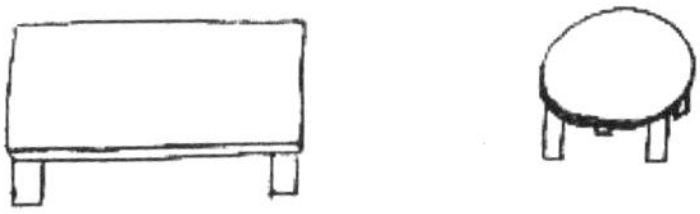

2

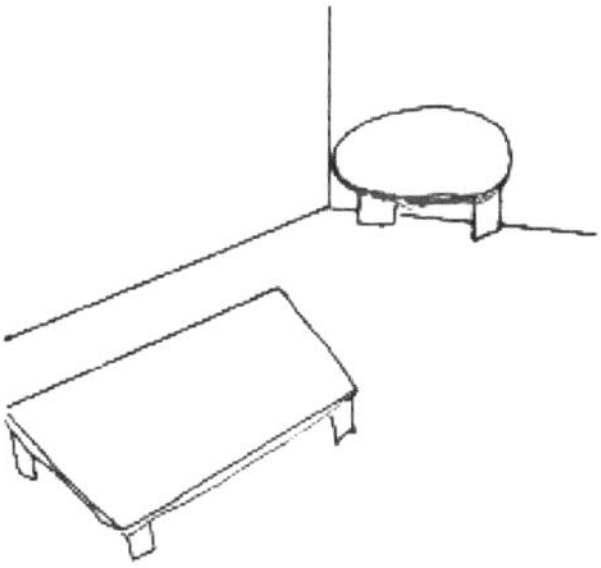

3

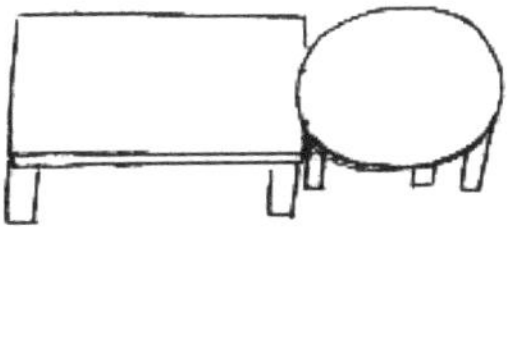

前ページに三つの異なるテーブル配置の例をあげてあります。

図1は、家庭のなかの空間を思い浮かべ、できるかぎり安全に過ごせる場所になるように、主要なテーブルを固定化します。テーブルを固定することで大きな空間はなくなります。リピーターの子どもにとっては空間の位置関係を学習していますから、動線に無理がなくなります。乳幼児であっても、根気強く知らせることで、学習をしながら行動し、スムーズに避けて移動できるようになります。

時々、テーブルの上に登ろうとする乳幼児がいますが、そんな時はどうしたらいいでしょう？ テーブルを片付けますか？ いいえ、私はそんなことはしません。テーブルは固定であることを身体で知ってもらうこと、このテーブルは登って遊ぶための対象ではないこと、テーブルで遊びたいときは椅子に座って、絵を描いたりパズルをしたり、手先の遊びをするときに使ったり、食事をするために使用することをくりかえし話します。また、乳幼児が上に登って立ち上がったりしたら危険ですよね。危険と隣り合わせですが、すべて排除することは、子どもが学習する機会を狭めてしまいます。生活に欠かせない家具などは、排除することなく子どもにしっかりと本来の用途について知らせていきたいですね。

図2は、長テーブルは定位置ですが、丸テーブルが部屋の壁面にピッタリと寄せてあります。一歳を過ぎて歩き始めた子どもは、運動発達機能が進み、高い所に登ってみたいという心理が働きますが、身体のバランス感覚はまだ未熟で、気持ちが先行します。テーブルが壁面に寄せてあることから、子どもはすぐに登ろうとします。壁面が山のように見えてしまうのでしょうか。登ろうとする頻度が増します。そのため、丸テーブルは、できるかぎり単独で空間のなかに設定することを心がけます。それでも、登ろうとする子どもはいますので、学習してもらうためにくりかえし知らせましょう。

図3は、長テーブルと丸テーブルをつなげていますが、これでは子どもたちが狭い空間に集まってしまいますね。その日の子どもの年齢に配慮して遊び方が異なる場合は

テーブルが二か所に分かれていることで、ゆったり遊ぶことができて、トラブルが減るように思います。落ち着いて遊べる空間を作り出すことです。大人が子どもの心理を適切に読み取り、安全な環境を整えるようにしましょう。

日々著しく成長している子どもたちは、誰もが高い所へ登ってみたいという気持ちを持っています。また、テーブルを片付けますと広い空間ができます。子どもは持っている力を発揮して走りたくなります。しかし、病児保育室では熱が高く機嫌が悪い子どもがいます。〇歳児が一緒に過ごしているかもしれません。静かに身体を休めたい子どもがいます。保育士や看護師が、子どもの発達、症状、心理状態を考え合わせながら、環境を準備して、そのなかで子どもの意欲を引きだし、養護と教育の一体化のなかで、ていねいに世話をしたり、知らせたり、学ばせたりすることが大切です。

また、病気が軽く、力を持て余している子どもがいます。そんな子どもには、スタッフがそばについて、一緒に楽しい遊びをするようにします。活動的な遊びは禁止ですから、ゲームやカード遊びなどで勝敗のワクワク感、スピード感、達成感を味わい、知的な遊びで満足感を得られるように配慮します。このようにいろいろなケースに応じて、その都度、対応することが大切です。

病児保育の環境として大切なことは、まず、安心、安全の生活と遊びの空間があること。つぎに、安心できるスタッフが寄り添っていること。また、健康回復に向けて、ゆったりと心身を休められる場所があること。そして、発達に見合った遊びができること。最後に、十分なケアが受けられることの五つです。

遊びましょう

病児保育室に入ってきた子どもたちの視線の先には、絵本、ミニカー、ポコポコなどきっと手に取ってみたくなるおもちゃや、お友だちがいます。しかし、不安で機嫌が悪いときは、「今はギュッと抱っこして」という気持ちのほうが強いと思います。そんな時は子どもの気持ちをしっかり受け入れます。ゆっくり時間をかけて、スタッフから離れていくときを心待ちにしたいですね。

病児保育室では、室内だけの遊びになります。発熱している子どもや呼吸器系の症状の子ども、胃腸炎などで制限食をしている子どもなど多種多様のため、室内保育を基本としています。

室内で一日満足して過ごすために、環境の準備は当然のことですが、病気の子どもにとって優しく寄り添うスタッフがどんな人かが問題です。子どもへ細やかな配慮をしながら、お互いの心の触れ合いの時間を持ちましょう。

子どもにとっておもちゃや絵本は友人であり、魅力的なおもちゃや絵本は、なによりも子どもを喜ばせ、気分転換をさせてくれます。その場が華やぎ幸せな雰囲気に包まれます。

おもちゃや絵本は、たくさんは必要ありませんが、年齢や症状により、譲り合ったり、順番に使ったりすることを知らせます。学童児には、家庭から教材や本などを持参していただくこともあります。

ある日の保育の様子をお見せしましょう。

保育室	子ども	スタッフ
事務コーナ	3歳児　1名	1人(看護師)
安静室	0歳児　1名	1人(保育士)
はな(一般室)	1・2・3歳児　5名	2人(保育士)
にじ(一般室)	5歳児　2名	1人(保育士)
のはら(感染症室)	2歳児　1名	1人(保育士)

	不快感があり、安静が必要と思われる子どもの遊びと過ごし方	比較的元気で不快感が少ないと思われる子どもの遊びと過ごし方
乳児 ※1歳まで	抱っこでスキンシップ・静かに歌う・語りかける・手遊び・ガラガラ・ポコポコ・歌絵本・おんぶで過ごす・静かに眠る（不規則に）	這い這いで動き回る・抱っこでスキンシップ・絵本・ポコポコ・ボール・歌絵本・ぽっとん落とし・ミニカー・ぬいぐるみ・ままごとの食材など・睡眠・おんぶ
幼児 ※6歳まで	絵本・折り紙・ぬりえ・パズル・お絵かき・ぬいぐるみ・型はめ・ミニカー・魚釣り・絵本を読んでもらう・抱っこ・おんぶで過ごす（2歳位まで）・ふとんに横になる（不規則に）	ままごと・ミニカー・パズル・絵本・ぬりえ・折り紙・カルタ・カード・トランプ・レゴブロック・プラレール・ジェンカ・積み木・魚釣り・紙芝居・ビデオ・抱っこ・睡眠
学童	布団の上でゲーム・本・折り紙・ぬりえ・カード・カルタ・あやとり・坊主めくり・パズル・図鑑・ふとんに横になる（不規則に）	本・図鑑・宿題をやる・ゲーム・折り紙・工作・トランプ・オセロ・カルタ・パズル・ビデオ・レゴブロック・睡眠または休息

（感染症室）のはら

（事務コーナー）

（一般室）にじ

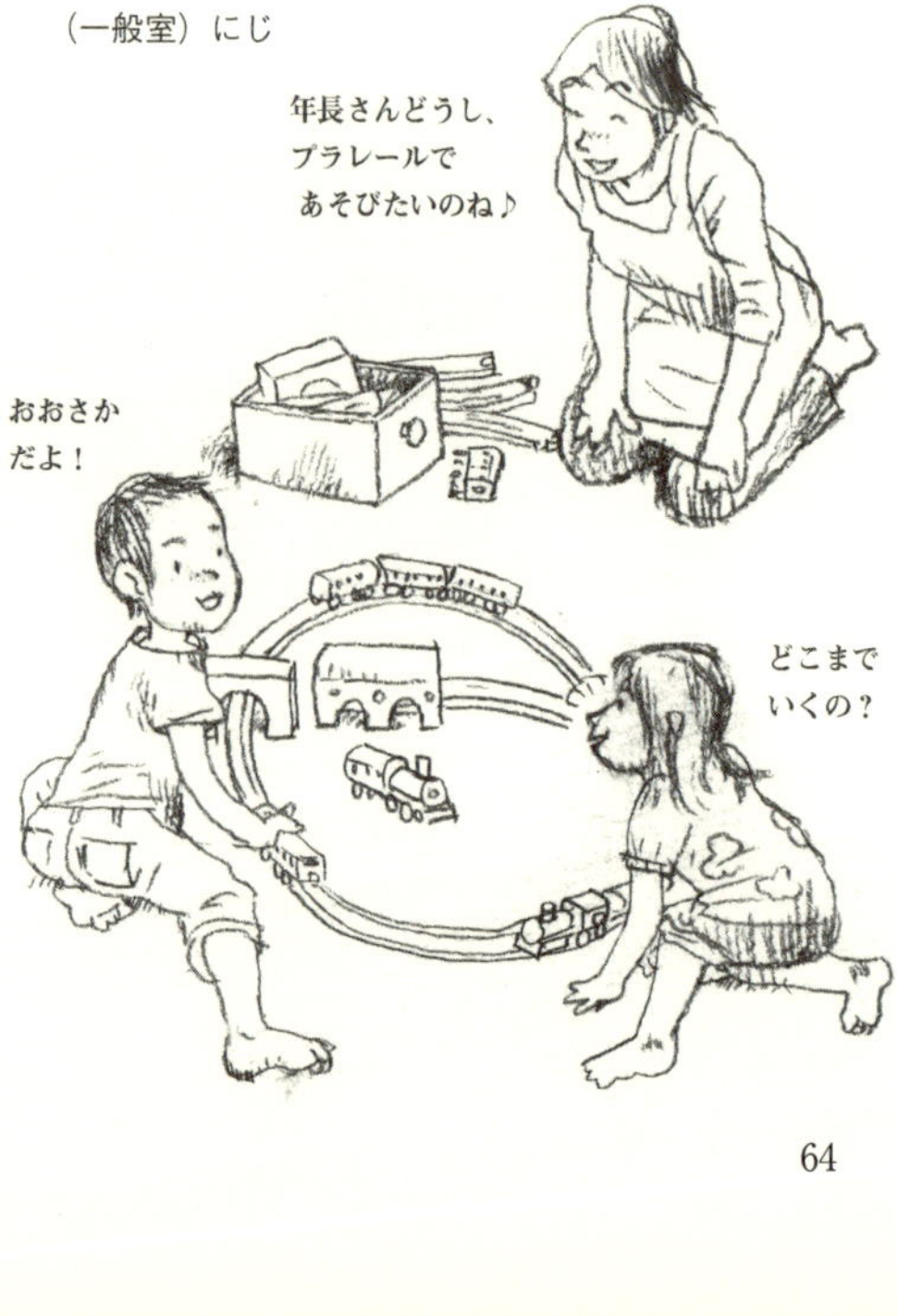

（一般室）はな

お絵描き楽しそうね
たくさん
描いたね！

わたしは
おりょうりを
つくっているの

あなたはだっこが
いいのね

もう眠くなったのね

いいよ
ゆっくりねようね

（安静室）

第5章　食事が楽しい！

ねらい

病児を抱えた保護者の不安と負担は大きいものがあります。いつもと異なる施設に預けるための準備に、お弁当を作って持たせることは、さらに負担が大きくなります。朝のかぎられた時間のなかで、バランスのよい食事を準備することは、前夜からプレッシャーになりますね。

給食では、季節に合わせて、温かいもの、冷たいもの、旬の食材を取り入れ、食べやすくしたり、症状に合わせることができます。何よりも子どもが喜び、食べる意欲や笑顔を取り戻してくれたらうれしいことです。私の働いていた保育室では、二回目以降の利用児から「今日のごはんは、なあに?」「○○のごはんおいしい!」と、うれしい言葉を耳にします。

方針と献立メニュー

私の働いていた保育室では、給食を作るときに次のようなことをめざしていました。まず、幼い子どもたちに安全で新鮮な食材を選び、衛生的で心のこもった食事を提供します。

つぎに、食物アレルギーに万全の配慮をし、牛乳、卵、肉は使用しません。ただし、加工食品としてパン、ヨーグルトなどは使用しました。

手作りを優先し、その日の子どもの症状や年齢を重視してバランスよく、食欲をそそるように色彩、量に配慮しました。また、子どもは、水分補給が大切なので、食事、おやつ両方にスープを用意しました。果物、ゼリー、OS—1*、アクアライト*、麦茶など、その時の症状で選択できるようにしました。

病児が、無理をせずに食べられるものを優先しました。そして、衛生面に留意し、スタッフからリスクを持ち込まないよう十分注意をしました。

一日の献立例をお見せしましょう。

● 一日の献立例

昼食	おやつ
ごはん（おかゆ）と焼きさけ 豆腐と野菜のスープ（味噌汁） レンコンと豆腐のハンバーグ（野菜マッシュ） ヨーグルト（ゼリー） トマト、ブロッコリ添え 人参のきんぴら くだもの	おにぎり（おかゆ）とパン 野菜、うどん入りスープ りんごのコンポート ヨーグルト（ゼリー）

食物アレルギー児への対応

最近、多種多様なアレルギー疾患の子どもがいます。検査済みで対応がはっきりしている子どもと、日々問題なく食べている食品やミルクでも、いつもと異なる発熱などにより、それらの食品が誘発して、*アナフィラキシーを発症する子どもがいます。そのため、アレルゲンの要因になりやすい卵、牛乳、肉は使用しません。しかし、小麦粉・大豆などは使用しますので、日々のチェックが重要になります。

さらに、アレルギー食対応マニュアルを作って、スタッフ全員で、日々個別にダブルチェックを繰り返しながら、給食を作り、提供しています。アレルギーのある子どもには、主治医の指示に従って原因となる食物を摂取しないことが必要ですね。

●誤食予防チェックポイント

①登録時アレルギーチェック表による調査を行う。

②利用当日の問診時、利用児全員に対して、毎回、「アレルギーはありますか」と問う。（年齢と共に調査時と異なってくるので注意）

③入室後、朝のおやつや給食に備え、ボードにアレルギーの有無を個別に記入する。

④朝のミーティングで、全スタッフにアレルギーによる制限食品について情報伝達を行う。同時に経過記録表の個人欄に赤字で制限食品（卵・牛乳・ピーナツなど）を記入する。調理する人は、全員の前で最終確認を行う。（調理室にもボードをおき、全員の氏

名と制限食の明記をする）

⑤調理室にアレルギー食のトレイと名札を用意する。（ほかの子どもと異なるトレイの色、名札は大きくはっきりと書く）

⑥配膳は、調理員、園長、看護師でメニューを指さし確認をする。さらに食べさせる保育士と食べる子どもの確認を行ってから、食事をする。

⑦席は、可能な限り配慮する。名札は最後までトレイの中に入れておく。

⑧お替りは、アレルギーのある子どものみの食器を持ち運び、ダブルチェックしてからその子どもに出す。

⑨ミーティングの後に入室する子どもについて、看護師から情報提供を受ける。調理員、保育士からも必ず声をかける。

＊ＯＳ—１、アクアライト…下痢・発熱・おう吐などで失われる水分や電解質の経口補水液。
＊アナフィラキシー…アナフィラキシー症状は、皮膚・呼吸器・消化器などのいくつかの症状が重なった場合をいう。（じんま疹、ゼーゼー、呼吸困難、おう吐、ショック症状など）

第6章　力を合わせて保育看護の充実を！

嘱託医の回診とケアが欠かせません

回診の先生方は、クリニックの休憩時間を利用してきてくださいます。どの先生も、「どうですか〜」と、いかにも小児科医らしく優しい笑顔で、子どもたちに声をかけてくださるので、ほとんどの子どもが緊張せずにお出迎えします。

私の働いていたぱるむ保育室は単独型の保育室のため、日々医師の回診があります。あらかじめ、嘱託医として登録をお願いし、交替で回診にあたってくださっています。病児保育室と医師の連携は必須条件です。日々の回診、急変時の相談、アドバイス、見守りなどは徹底しています。朝の受け入れ後、症状が悪化している場合などは、早めにかかりつけ医や当日の回診医に連絡を入れて、指示を受けます。（例えば、吸入の指示、内服薬の指示、保護者にお迎えをお願いして早めの受診を促すなど）また、場合によっては回診時間を早めていただくこともあります。

地域の働くお母さんと子どもにとって、なくてはならない大切な「病児保育室」ですので、そこで過ごす子どもたちの安心、安全、成長発達、トータルケアに大きく貢献していきたいと思っています。

協力って大切ですね

病気に対しては、早期発見、早期対応が重要になります。子どもの症状により、呼吸、心拍、体温などのバイタルサインの測定や、視診、触診、聴診などを行います。

乳幼児などは、痛いものではなくとも、何をされるのかという不安が強く、拒否したり、泣き出す子どもが稀にいます。看護師は子どもの心理を理解して、子どもに安心感を持ってもらえるように、ていねいに話しかけたり、一緒にうたったり、遊んだりしながら距離を縮め、子どもが安定している状況で測定を行うようにします。そんな時は、保育士と協力し合って保育室全体の雰囲気を壊さないように配慮します。正確な測定をしておくことが、病状の悪化に備えることにつながります。

また、処置（吸入・鼻汁の吸引・座薬挿入や内服・汚物処理・応急処置など）についても、看護師と保育士で呼吸を合わせて、絵本の読み聞かせをしたり、手遊びをしたり、歌をうたったりしながら、子どもに寄り添い、不安にさせないようにすることで、スムーズに行えることがほとんどです。

問診と送り出しをていねいに

朝の問診は、原則では看護師が行うようにします。目の前にいる子どもの症状をよく観察します。同時に体温の推移、水分や食事の摂取状況、排泄の有無、睡眠や安静の程度、アレルギーの有無、気になる症状などについて問診します。さらに乳児には、母乳、ミルクは何時にどれくらいの量を飲んできたかなど聞き取り、記録をします。薬は現物を目の前において、保護者とダブルチェックをしてから預かります。保護者の方には、安心して仕事に向かっていただけるように、保育士がしっかりと子どもを保育室へ迎え入れます。

子どもが好きな遊びやおもちゃなどについて、聞いておくこともその後の楽しい保育につながりますね。

送り出しでは、時間をかけてていねいに子どもを保護者に引き渡しましょう。

保護者は仕事をしている間も、「慣れないところに預けてどうしているだろうか、病気は悪化していないだろうか」などと、心配しつつ、急いでお迎えに来ます。笑顔で迎え入れ、看護師は一日の病状の変化やケアをしたこと、回診医のアドバイスなどを中心に話し、次に保育士は、子どもを保護者に引き渡しながら子どもが遊んでいた様子や友だちと触れ合った様子、食事の食べ具合やかわいい笑顔など、ていねいに伝えるようにします。

どんな場合でも、保護者の話を傾聴し、誠意を持って応え、相談などもしっかり受け止めるようにしましょう。

また、荷物を間違いなくお返しし、預かった薬は確実にお返ししましょう。ここで間違いがあっては、せっかくの信頼を失うことになります。

小さなケガなども、忘れずに事実を正確に伝えて、謝罪しましょう。お預かりしている間の子どものケガは、どんなケガも、保育室側の責任は必ずあります。また、子どもは、そのことで苦痛を味わう結果になっています。保育室側に非が有る無しにかかわらず、苦痛を味わわせてしまったことに対しての謝罪は必要ですね。

謝罪は、当事者だけがすればよいことではありません。スタッフ全員が、謝罪の心を持って、居合わせた一人一人が、ていねいに頭を下げましょう。

薬を正しく飲ませましょう

子どもは、薬を好きではありません。私が働いていた保育室では、ほんの少しの水で薬を溶き、一口で飲めるようにしています。準備万端整えて、子どもに見せ、ていねいに説明をし、ゆったりと向き合うと、上手に飲めます。

急性期のほとんどの子どもは、薬を持参します。誤薬事故を起こさないために保育看護のスタッフは、薬を飲ませることについての重要性を認識しましょう。薬を飲ませる行為は、医療行為ではなく、家庭機能の代わりとして、保護者から委託を受けて、保育士を含むスタッフが薬を飲ませるものとして法的には解釈されていますが、保育看護の場においては、幸いにも看護師が配置されています。看護師が優先して飲ませることを徹底したほうが望ましいと考えます。

誤薬事故を未然に防ぐためには、保護者から薬を預かる際、事前のダブルチェック・専用のケースなどによる管理・飲ませる時間と適量のチェック・飲ませる直前のダブルチェックとして服用する子どもの確認・確実に飲ませること・最終チェック（サイン）などをマニュアル通りに行うことです。

薬に関しては、情報の共有・管理・ダブルチェックに尽きます。その子どもに確実に安全に飲ませるようにマニュアルを作成しましょう。

子どもが、納得して飲めるように事前の説明に時間をかけてていねいに行い、一方的に子どもの心を無視して飲ませることのないように、人権に配慮しましょう。

何を試みても、薬を飲んでくれないことが稀にあります。だからといって身体を押さえつけて数人がかりで飲ませるべきではないと考えます。病状の程度にもよりますが、乳幼児であっても、優しく声をかけながら、「抱っこしているよ、飲もうね」と同意を求め、子どもの心に寄り添って飲ませるようにしたいですね。

第7章　危機管理は？

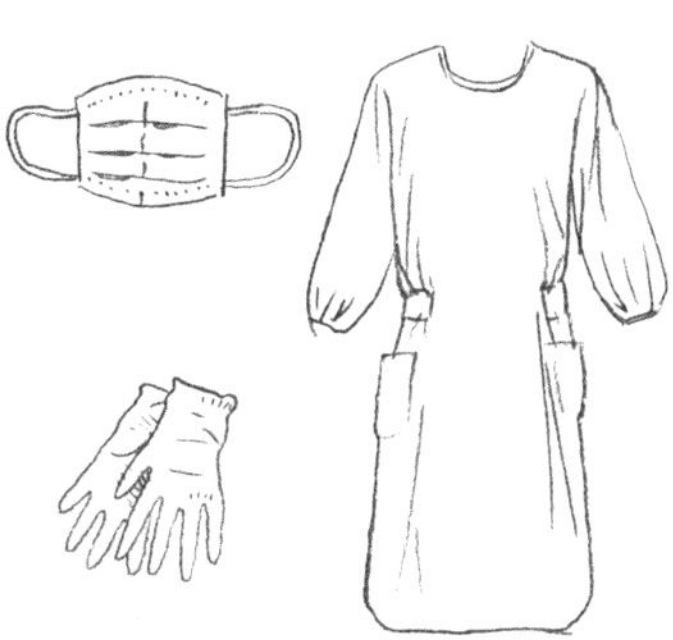

マニュアルを作りましょう

子どもは動きまわることが大好き、冒険が大好き、何でもやりたい、触ってみたいなどなど、好奇心でいっぱいです。思う存分に遊び、心も身体も満足させてあげたいと思いますが、事故が起きてしまったら、今までの楽しかったことや信頼関係などは、いっぺんに失われてしまいます。何よりも子どもがリスクを負ってしまうのです。スタッフ間で十分に話し合い、安全保育につなげましょう。

病児保育室における事故予防・安全対策（事故・災害・食中毒・アナフィラキシーショック・SIDS*・不審者侵入など）についてマニュアルを作って実行していますか。定期的に点検、見直しをしていますか。

保育所保育指針では、総則第1章「総則」において、保育所の目的は、「保育所に入所する子どもの最善の利益を考慮し、その福祉を増進することに、もっともふさわしい生活の場」でなければならないとしています。

また、第5章の「健康、安全」では、子どもの生命の保持と健やかな生活が確立されることが保育所の基本であるとしています。病児保育室では、年齢幅のある子どもたちの集団保育において、「健康の回復、安全」を守るために、全スタッフが共通の認識を持ち、組織的に取り組むことが大切です。

それには、マニュアル、ガイドラインの活用・訓練や研修のくりかえしが必要です。人間は、エラーを犯すといわれています。エラーが発生したときは、早急に事実の把握、改善策の検討、評価が求められます。そのためには、ヒヤリハット、インシデント、アクシデント、マネジメントについて学び、一方では、セーフティマネジメントの強化が求められます。

病児保育室の特性は、多職種のスタッフが協力し合って保育看護をしており、スタッフの入れ替わりが多く、また日々、子どもも入れ替わるので、保育の形態もその時々で変わってくる、病児の一時保育看護です。

多忙ななかにあっても、情報の共有化をはかり、安全な保育を行うためには、一日一回のスタッフミーティングは欠かせません。一日の終わりに、保育を振り返り、自己評価して、安心、安全な保育環境であるように心がけましょう。月に一回のミーティングも設けて、保育の見直し、ヒヤリハットの共有と意見交換、防止策の検討、実施、評価を行うことが必要です。

また、第三者の評価を視野に入れて、日頃の危機管理意識を高め、質の高いマネジメントをめざしましょう。

感染を広げないために

感染症対策として、「スタンダードプリコーション」（標準予防策）について聞いたことがあるかと思います。

標準予防策は、「感染が疑われているか、確定しているか否かにかかわらず、医療ケアが提供されている現場においても、すべての患者に適用される一群の感染予防策を含んでいる」とされています。患者の血液・体液・分泌物・排泄物などからの予防策として、手洗い、手指消毒、手袋、マスク、ガウン着用、環境整備、隔離などについて、適応の基準と方法が示されています。

各保育室の実態に合わせて、基本的なマニュアルを作成して安全で清潔な保育環境でありたいですね。日々行う換気、食器や寝具の消毒、おもちゃの消毒、スタッフのガウンテクニック*、全体の清掃など、マニュアル通りにすることが基本ですが、保育環境を清潔にしようとする心が大切で、その姿勢が室内感染を防ぎ、感染源を外部に持ち出さないことにつながります。

スタッフは、自ら感染源にならないように、石鹸、流水による手洗いの励行、おう吐、下痢などの処理は使い捨ての布や手袋、マスク、専用のガウンなどを着用して、マニュアル通りに処理を行います。一人では処理できないこともありますから、スタッフの手助けを求め、子どもを感染から守ることができる場所に誘導しましょう。（汚物、吐物と子どもとの距離をもたせる。ガイドライン参照）

スタッフが安全であるために、伝染性疾患の既往や抗体の有無の確認、インフルエンザの予防接種、月に一度の検便などをお勧めします。

隔離が必要な子どもを預かるために、隔離基準を設けて、環境を整え、個室で安心して過ごせるよう配慮しましょう。

＊ＳＩＤＳ（乳幼児突然死症候群）…死亡の原因がわからない乳幼児の予期しない死亡であり、うつぶせ寝・家族の喫煙・早期産児・環境によるストレスなどが原因と考えられている。

＊ガウンテクニック…感染症室では、専用の予防衣を着用し、部屋を出るときは、予防衣を脱いで室内に残しておく。

エピローグ

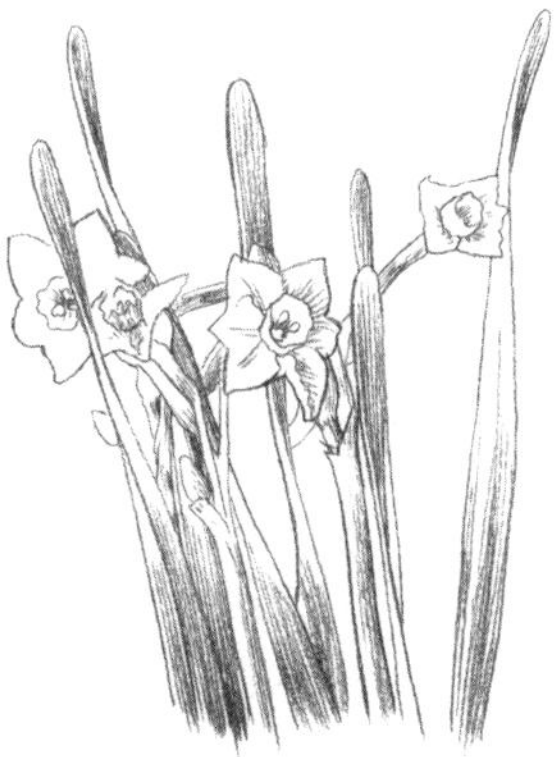

皆さん、この本をお読みいただき、病児保育室の一端をのぞかれて、少しはご理解いただけましたか？

私は、平成十八年から平成二十五年の間に、二カ所の病児保育室の開設にかかわり、その後退職しました。この間、病児保育室を利用する子どもは大幅に増えてきました。わずか七年の間に一度利用された方がたから「子どもが楽しかったと言ってくれ、とても安心しました。またお願いします」「熱が高くて仕事中も心配でしたが、看護師さんと保育士さんがきちんと見守ってくれているので安心して仕事をすませてきました」などの声をたくさんいただき、リピーターがどんどん増え、ほとんどの方がたが、次の出産後に再度登録されます。このことは、病児保育室が子育て家庭にとって大きな支援になっているものと確信させてくれます。

これからも、病児保育室が、地域に根ざして、身近なところにたくさんできることを願っています。小さな施設で、家庭的にゆったりとした雰囲気を大切にして、スタッフは、心をこめて病児と向き合い、病児であってもその時間を目いっぱい輝いて過ごせる、そんな保育室ができますように。

現在、たくさんの子育て支援策は広がってきましたが、社会の末端では、子どもが生活するにふさわしい生活の場がまだまだ不足しています。劣悪な環境の中へ子どもを預けざるを得ない方がたがいます。親は、我が子がどんな場においても、生命が守られ、個が尊重され、より整備された環境のなかで充実して過ごしてほしいと願っているはずです。子どもを取り巻くすべての環境が今まで以上に整備され、子どもたちがそれぞれの場において、目を輝かせて過ごしてほしいと願わずにはいられません。

この本を作るにあたり、私の急な執筆の依頼にもかかわらず快く引き受けてくださった江頭則子さん、病児保育室のなかでも「子どもたちが輝いて生活できますように」と願いながら、ともに仕事をしてきました。最初の原稿を本の形にしてくださった石井麻希子さん、長谷川建史さん。イラストを描いてくださった江崎善晴さん、みなさまありがとうございました。

そして発刊に際し、練馬区医師会はじめ、嘱託医の先生方、ぱるむ光が丘施設長の飯島健志先生、ぱるむ大泉施設長の山口博明先生、ぱるむ光が丘、ぱるむ大泉のスタッフ、さらに私の背中を押してくださった大勢のみなさまに感謝申し上げます。

最後に、出版社リーブルの福井和世さん、私の未熟な本作りに、温かく寄り添ってくださり、発刊することができましたことを深く感謝いたします。

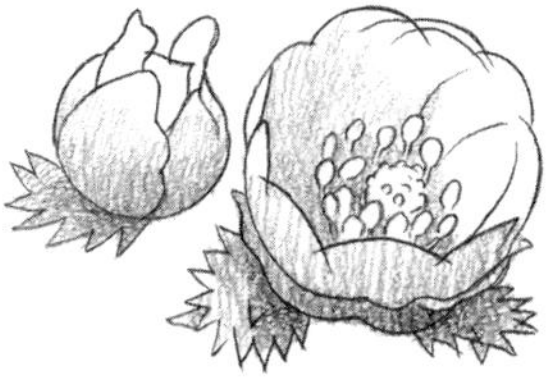

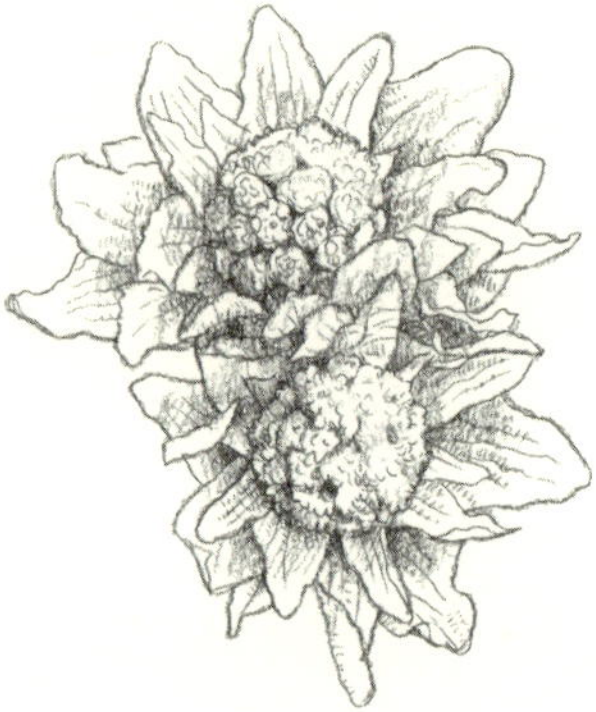

●引用文献

1．『保育所保育指針』（全国社会福祉協議会2009）
P20,21,52,82

2．「練馬区医師会病児保育センターぱるむ資料2014」より
・練馬区病児・病後児保育事業利用登録書　P16・17
・ぱるむ光が丘・ぱるむ大泉保育室平面図　P23
・保育室利用者アンケート　P35 ～ 38
・食事の方針、献立メニュー　P68 ～ 70
・誤食予防チェック　P71 ～ 72

3．『必携 新病児保育マニュアル』（帆足英一監修）

4．『病児と障害児の保育 基礎と実際』
（文化書房博文社 2008）P14・34・78・79

●参考文献

1．『保育所保育指針』（全国社会福祉協議会 2009）

2．『必携 新病児保育マニュアル』
（帆足栄一監修　全国病児保育協議会 2009）

3．『医療保育テキスト』（日本医療保育学会 2009）

4．『病児と障害児の保育 基礎と実際』
（文化書房博文社 2008）

長谷川 ヒサイ（はせがわ　ひさい）
1942年、新潟県に生まれる。保育士資格取得後、34年間練馬区公立保育園に保育士、園長として勤務。その後、練馬区ファミリーサポートセンターにアドバイザーとして、３年間勤務。平成18年から、練馬区医師会病児保育センターぱるむ光が丘、その後、同ぱるむ大泉の創設に関わり、副施設長として勤務。医療保育専門士の資格を取得して７年後に退職。現在は、ＮＰＯ法人「保育サービスぽてとの会」に関わっている。

江崎善晴（えざき　よしはる）
イラストレーター。主に登山・アウトドアに関する技術解説のためのイラストを手がけている。ほかに図版、地図、アクリルによるリアルイラストレーションなど。趣味も登山などアウトドアが好き。
作品に『入門＆ガイド』（山と渓谷社）『クライミング道場@Rock＆Snow』（山と渓谷社）など。

保育看護のこころ—病児保育室の現場から

2015年2月6日　初版発行
著者　長谷川ヒサイ
発行　株式会社リーブル　〒176-0004 東京都練馬区小竹町2-33-24-104
TEL.03(3958)1206　Fax.03(3958)3062
http://www.ehon.ne.jp
印刷・製本　スピックバンスター株式会社

 ISBN978-4-947581-80-8